Mosaik

CHERITH POWELL · GREG FORDE

SELBSTHYPNOSE LEICHT GEMACHT

Wie sie funktioniert
Was sie bewirkt
Wem sie hilft
Wofür sie gut ist

Aus dem Englischen von Maria Buchwald

Mosaik Verlag

Dieses Buch ist dem Andenken Bill Atkinson-Balls, des ersten Vorsitzenden der Corporation of Advanced Hypnotherapy und Gründer des Atkinson-Ball College of Hypnotherapy and HypnoHealing gewidmet.
Wir erweisen ihm hiermit Dank für sein Wissen, seine Klugheit und seine Anregungen, die er uns, den Autoren, sowie Hunderten Studenten der wissenschaftlichen Hypnotherapie gegeben hat.

Originalverlag: Newleaf, ein Unternehmen von Boxtree, London 1995
Originaltitel: *The Self-Hypnosis Kit*
Illustrationen: Giovanni Caselli
Übersetzung: Maria Buchwald
Redaktion: Sibylle Duelli
Einbandgestaltung: Martina Eisele, München

Der Mosaik Verlag ist ein Unternehmen
der Verlagsgruppe Bertelsmann

Satz: Filmsatz Schröter GmbH, München
Druck und Bindung: Alcione, Trento
Printed in Italy
ISBN 3-576-10730-4

Inhalt

Einführung

Als wir mit der Arbeit an diesem Buch begannen, versuchten wir uns vorzustellen, welche Art Menschen sich dafür interessieren könnten. Wir stellten uns selbst einige Fragen, um herauszufinden, warum Sie, liebe Leserin, lieber Leser, den Wunsch haben könnten, sich damit zu beschäftigen. Aus reiner Neugier? Wohl kaum – denn immerhin haben Sie sich die Mühe gemacht, das Buch aus einem Regal zu nehmen, und dann gutes Geld dafür bezahlt. Oder hatten Sie Lust, zu beweisen, daß auch in diesem Buch – wie in so vielen – eine Menge Ungereimtheiten über das Thema steht? Wollen Sie sich selbst ein für allemal beweisen, daß Hypnose barer Unsinn ist? Das wäre denkbar – denn genau dies haben Skeptiker jahrhundertelang versucht.

Oder hat ein allgemeines Interesse, das Sie für die Hypnose haben, Ihre Wahl bestimmt? Gut möglich – denn immer mehr Menschen scheinen sich sowohl von der Hypnose als auch von allen möglichen bewußtseinserweiternden Techniken angezogen zu fühlen.

Oder vielleicht spürten Sie schon eine geraume Zeit, daß Hypnose Ihnen helfen könnte, positive Veränderungen in Ihrem Leben herbeizuführen? Durchaus wahrscheinlich – denn wir haben den Eindruck, daß wir in einem Zeitalter leben, wo die Menschen sich sehr viele Fragen stellen und auch offener für persönliche Weiterentwicklung und Veränderung sind.

Welche persönlichen Gründe Sie auch immer haben mögen, wir begrüßen Ihr Interesse natürlich und hoffen, daß wir zumindest einige, wenn auch nicht alle, Fragen beantworten können. Doch so wichtig das auch sein mag, in diesem Buch geht es nicht nur darum, Fragen zu beantworten. Es geht darum, daß Sie Initiative ergreifen, handeln – und zwar in Ihrem eigenen Rhythmus – und dabei Ihre eigenen Kräfte entdecken und nutzen. Verwenden Sie dieses Buch, um Ihr eigenes Potential zu erschließen; doch überstürzen Sie nichts. Nehmen Sie sich Zeit dafür. Das Wichtigste ist, daß Sie innerlich bereit sind. Das Zweitwichtigste, daß Sie den Wunsch haben, die Möglichkeiten der Hypnose zu nutzen. Unser Ziel ist es, Ihnen bei beidem zu helfen.

Beim Lesen wird Ihnen auffallen, daß wir zu einfachen Bildern und Beispielen aus dem Alltag greifen, um unsere Behauptungen zu veranschaulichen. So werden wir in diesem Buch immer wieder auf den Vergleich mit einem Auto zurückkommen, um gewisse Aspekte der Hypnose zu erläutern; und so lautet er:

> Das Unterbewußtsein ist wie ein vorprogrammierter, fahrerloser Wagen. Er wird ganz automatisch den Weg nehmen, den er kennt, und ist nicht in der Lage, einen eigenen Kurs einzuschlagen oder von der altbekannten Route abzuweichen oder auch nur seine Geschwindigkeit zu beschleunigen.

Doch indem Sie Selbsthypnose praktizieren, werden *SIE* zum Fahrer dieses Wagens. Sie können ihn in eine neue Richtung lenken. Sie können ihm zeigen, daß andere Routen interessanter oder vorteilhafter sind. Sie können ihm zeigen, wieviel anregende Reisen er unternehmen kann, denn jetzt sind SIE der Fahrer, jetzt haben SIE die Kontrolle.

In den Stunden, die Sie mit dem Lesen dieses Buch und dem Anhören der Kassette verbringen, werden Sie eine Wahl zu treffen haben. Sie müssen sich entscheiden, ob Sie hinter dem Steuerrad dieses vorprogrammierten Wagens »kleben« bleiben oder sich von einigen alten, einengenden Auffassungen lösen wollen. Sollte diese Art Entscheidung vollkommen neu für Sie sein, dann betrachten Sie die folgende Lektüre als Übergangsphase, denn solche Veränderungen geschehen nicht über Nacht. Denken Sie daran, daß »kleben bleiben« auch bedeuten kann, sich sicher zu fühlen. Lassen Sie sich also Zeit.

Vielleicht fragen Sie sich auch, was das alles soll. Wie Sie wahrscheinlich wissen, ist die Hypnose, obwohl sie seit Urzeiten bekannt ist, noch immer von einer Aura aus Mythos und Mystik umgeben. Wenn von Hypnose die Rede ist, scheinen die sogenannten »Experten« immer gern bereit zu sein, alle angeblich damit verbundenen Gefahren aufzuzählen. Dabei reicht die Bandbreite der Einwände von »Ihre Großmutter hätte das sicher nicht gutgeheißen« bis hin zu Warnungen vor dem Hypnotiseur, der Ihren Geist beherrschen könnte. (Selbst das Wort Teufelsanbetung ist in diesem Zusammenhang schon gefallen!)

Uns überrascht das nicht. Seit Beginn der Schöpfung hat die Menschheit instinktiv immer das Unbekannte gefürchtet; daher haben wir Mythen und Legenden geschaffen, mit deren Hilfe wir erklärten, was wir nicht verstanden. Auch Hypnose blieb bis heute etwas Un- und Mißverstandenes.

Denn obwohl wir im Atomzeitalter leben, ist der moderne Durchschnittsbürger – geht es um das Thema Hypnose – immer noch mit jenem furchtsamen, prähistorischen Menschen zu vergleichen; ja vielleicht steckt er geistig sogar noch tiefer im Steinzeitalter als sein Vorfahre! Der moderne Mensch ist häufig so tief in alltägliche Angelegenheiten verstrickt, daß er etwas wie Hypnose nicht akzeptieren kann, weder als nützliches Mittel, um positive Veränderungen zu bewirken, noch als hervorragende Methode des Überlebens. Wir wollen Sie aus diesen Verstrickungen befreien. Unser Ziel ist es, Ihnen deutlich zu machen, daß Sie – ohne es zu wissen – schon jetzt jeden Tag in Ihrem Leben eine Art Hypnose anwenden.

Die oben angeführte Behauptung klingt vielleicht schockierend für Sie. Der moderne Mensch hat den von den Medien verbreiteten Darstellungen so lange Glauben geschenkt, daß er von seiner eigenen Superintelligenz überzeugt ist und sich beständig für seine Errungenschaften auf die Schulter klopft – als da wären: die Reisen in den Weltraum, der Eingriff in die Lebensbausteine durch genetische Manipulation, ja sogar die Bestimmung des eigenen Schicksals! Warum also ist der Gedanke, daß der Mensch sich die Hypnose nutzbar machen kann, so schwer nachvollziehbar?

Zur Beantwortung dieser Frage müssen wir uns immer wieder eine grundlegende Erkenntnis vor Augen halten: Die meisten Menschen – und wir, die Autoren, schließen uns da ein – verhalten sich so, wie sie es für richtig halten. Wir nennen das unsere »Prägungen«. Und woher kommen diese Prägungen? Sie bildeten sich während unserer ersten Lebensjahre heraus, in denen wir unseren Eltern, Geschwistern, Lehrern und auch den Medien ausgeliefert waren. Und sie werden kontinuierlich weiter festgelegt. Ironischerweise tragen wir selbst tagein, tagaus dazu bei, sie zu verfestigen. Tatsächlich wurden die meisten unserer einengenden Überzeugungen von jemand anderem vertreten, ehe wir sie uns zu eigen machten.

Vielleicht erinnern Sie sich an die entzückende Geschichte *Des Kaisers neue Kleider*. Der eitle, verwöhnte, alte Kaiser und seine unterwürfigen Höflinge glauben alles, was man ihnen vorgaukelt, um nicht töricht oder altmodisch zu erscheinen. Es ist ein schönes Beispiel für die Macht der Suggestion und veranschaulicht nur allzugut, wie wir alle darauf programmiert werden können, einer grotesken Meinung Glauben zu schenken, wenn die Botschaft nur überzeugend genug vermittelt wird. Und ein weiteres zeigt die Geschichte: Falls Sie selbst nicht bereit sind, die Kontrolle über Ihren Geist zu übernehmen, wird es einfach jemand anderes an Ihrer Stelle tun. Vielleicht genügt Ihnen diese Erkenntnis schon als Anregung, um sich mit der Hypnose zu beschäftigen.

Wir hoffen, daß wenn Sie mehr über die Gesetzmäßigkeiten des Unterbewußtseins wissen, Sie auch besser verstehen, warum wir uns so verhalten, wie wir es nun einmal tun, und wie gewisse Botschaften Bestandteil unseres täglichen Lebens werden. Erst dann sind Sie imstande zu lernen, wie Sie die alten, einengenden Überzeugungen durch neue, geeignetere ersetzen.

Das bringt uns auf die wichtigsten Ziele unseres Buches *Selbsthypnose leicht gemacht.* Wir wollen einige Mythen aus der Welt schaffen, die sich um die Hypnose ranken, und zeigen, wie Sie sie für sich nutzen können. Wir werden Ihnen erklären, wie Hypnose sowohl zur Tiefenentspannung verwendet werden kann als auch als Mittel, Fähigkeiten zur Entfaltung zu bringen. Ferner wollen wir Ihnen vorführen, wie Sie mit ihr eine mentale Ausgangsbasis schaffen, um alte Prägungen neu zu programmieren und positive, förderliche Veränderungen herbeizuführen. Seien Sie beruhigt – ganz gleich für welchen Zweck Sie Selbsthypnose nutzen wollen, Sie werden Einblicke in Ihre eigene Persönlichkeit und Ihr Potential bekommen, die Sie nie für möglich gehalten hätten!

Selbsthypnose leicht gemacht ist so konzipiert, daß Sie Ihren individuellen Bedürfnissen entsprechend damit arbeiten können, ohne das Gefühl zu bekommen, Sie begäben sich auf unsicheres Terrain. Wenn Sie sich also noch nicht vorstellen können, die volle Verantwortung für sich selbst zu übernehmen, machen Sie sich deswegen keine Sorgen. Verwenden Sie das Buch, um mehr Selbstsicherheit und Selbstachtung zu erlangen; warten

Sie ab, bis Sie sich innerlich reif fühlen. Aber wenn Sie schon jetzt bereit sind, mit den negativen Prägungen der Vergangenheit zu brechen, wird Ihnen dieses Buch helfen, sich Ihres Potentials bewußt zu werden und mit vorteilhaften Veränderungen in Ihrem Leben zu beginnen. Wir glauben, daß unsere Kombination aus Buch und Hörkassette sehr gut dafür geeignet ist, Sie als Leser und Hörer innerhalb von wenigen Tagen in die Selbsthypnose einzuführen. Selbsthypnose ist auf befriedigende Weise nur zu lernen, wenn Sie bereits in Hypnose sind. Aus diesem Grund haben wir das Buch durch die Kassette ergänzt.

Wir sind der festen Meinung, daß die Hypnose von unschätzbarem Wert ist. Wenn ihr Grenzen gesetzt sind, dann nur in Ihrem Kopf! Falls die Botschaft Sie also nicht gleich beim ersten Mal erreicht hat (die moderne Frau und der moderne Mann können sehr stur sein, wenn es darum geht, sich zu ändern), wiederholen wir hiermit: Ihr Geist ist dazu da, um Sie zu unterstützen, nicht um Sie zu beherrschen. Wenn Sie den Entschluß fassen, sich von Ihren alten, hinderlichen Überzeugungen zu lösen, fangen Sie an, die Verantwortung für sich selbst zu übernehmen; es wird Ihnen dann auch nicht mehr schwerfallen, zuzulassen, daß andere ebenso die Verantwortung für ihr eigenes Leben übernehmen. Betrachten Sie Ihre Entwicklung als Reise, auf der Sie etwas wiedererlangen, das auf die frühesten Anfänge zurückgeht – nämlich unser natürliches Recht, unsere angeborene Fähigkeit, die eigenen inneren Anlagen und Begabungen miteinander zu verknüpfen und sie voll auszuschöpfen. Wir haben die Ehre, Ihre Begleiter auf dieser spannenden Reise zu sein.

Wichtiger Hinweis

Wir bitten Sie, die Hörkassette erst zu spielen, wenn Sie bei Kapitel vier angelangt sind. Wenn Sie bis dahin warten, werden Sie das Gelesene besser verstehen, und was Sie hören, wird eine größere Wirkung auf Sie haben. Sie werden dann besser gerüstet und mit größerer Neugierde in die Kapitel fünf und sechs einsteigen, in denen Sie entdecken, wie Sie Ihre neugefundenen Fähigkeiten verbessern können.

Erstes Kapitel

Die Wahrheit über Hypnose

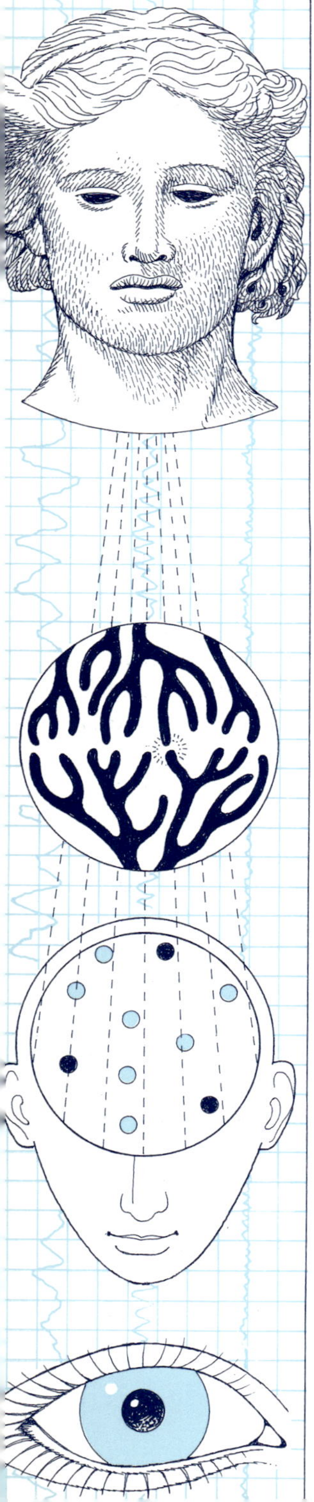

Wollten wir die Behauptung aufstellen, daß jeder Mensch an jedem Tag seines Lebens auf natürlichem Wege in hypnotische Zustände gerät, würden nur wenige Leute uns Glauben schenken. Doch allen Skeptikern sei hiermit gesagt, daß Hypnose nichts anderes als eine Art Wachtraum ist. Die meisten Menschen werden zugeben, daß sie ziemlich regelmäßig Wachträume haben. Selbst diejenigen, die versichern, sie hätten nie welche, erleben zweimal täglich einen hypnotischen Zustand: einmal kurz bevor sie morgens aufwachen (»hypnopomper Zustand«) und noch einmal ehe sie nachts einschlafen (»hypnagoger Zustand«).

Doch lassen Sie sich nicht verwirren. Es gibt fast ebenso viele Definitionen des Wortes Hypnose wie Arten der Hypnotherapie, und jedes Wörterbuch, das man zur Hand nimmt, wird einem eine andere Begriffserklärung bieten.

Das Wort ist griechischen Ursprungs; *Hypnos* war der Gott des Schlafes. Ist Hypnose also eine andere Form von Schlaf? Nein, das wiederum nicht. Weder ist der Betreffende dabei schlafend noch ganz wach. Man könnte es so ausdrücken: In Hypnose fühlen Sie sich schläfrig und sind gleichzeitig übermäßig wach. Jetzt verstehen Sie gar nichts mehr? Lesen Sie weiter.

Jedes x-beliebige Lexikon definiert Hypnose als »suggestiv herbeigeführten Schlafzustand«. Doch wenn ein Mensch schläft, nimmt er nichts von dem, was um ihn herum geschieht, wahr. Spräche jemand Sie in ruhigem Ton an, während Sie schlafen, würden Sie ihn aller Wahrscheinlichkeit nach nicht hören, noch sich später an das Gesagte erinnern. In keinem Fall wären Sie Herr der Lage. Hypnose hat mit all dem nichts zu tun.

1931 stellte M. J. Bass in einem Artikel im *Journal of Experimental Psychology* überzeugend dar, daß ein Unterschied zwischen Hypnose und Schlaf besteht. Er hatte durch Labortests herausgefunden, daß der Kniesehnenreflex – die reflektorische Streckbewegung des Unterschenkels – bei Patienten, die sich in Hypnose befanden, genauso gut funktionierte wie während ihres Wachzustandes. Solange sie schliefen, erfolgte nahezu keine Reaktion.

Die *Encyclopaedia Britannica* kommt der Sache schon etwas

näher und drückt sich auch genauer aus. Sie sieht zwischen Hypnose und Schlaf Ähnlichkeiten, aber nur was das äußere Erscheinungsbild betrifft, denn sie behauptet, eine unter Hypnose stehende Person befinde sich in einem besonderen psychischen Zustand, in dem sie empfänglicher und aufnahmefähiger sei als bei gewöhnlichem Bewußtsein.

Der russische Physiologe Iwan Pawlow charakterisierte den hypnotischen Zustand als »partiellen Schlaf«; er verstand ihn als einen Schlafzustand, in dem noch »vereinzelt Wachheit« in der Großhirnrinde vorhanden ist. Ferner stammt der Satz von ihm: »Hypnose ist nichts anderes als der Ausdruck eines emotionalen Zustandes, der von gesteigerter Intensität gekennzeichnet ist.«

Die Macht, sich zu weigern

Ist Hypnose eine verkappte Gehirnwäsche?

Dies ist eine weitere falsche – wenn auch gängige – Annahme; vielleicht wurde sie durch öffentliche Hypnosevorführungen erhärtet, bei denen die Zuschauer glauben, der Betreffende müsse tun, was man ihm befiehlt, und habe keine Möglichkeit, sich zu weigern. Während des Zweiten Weltkrieges wurden viele Experimente mit Gehirnwäsche angestellt, und man fand heraus, daß es unmöglich war, jemanden einer Gehirnwäsche zu unterziehen, ohne den zusätzlichen Einsatz von Drogen. Viele Jahre hindurch betrieben sowohl die westlichen Staaten wie auch der Ostblock eingehende Hypnoseforschungen, mit dem Ziel, anhand von Gehirnwäsche versteckte politische Operationen durchzuführen, ohne ihre eigenen Agenten dabei Gefahren auszusetzen. Sie entdeckten, daß sie, um das zu erreichen, nicht nur die jeweilige Wirklichkeitswahrnehmung des Betroffenen ändern mußten, sondern seine Welt selbst. Das geschah durch Inhaftierung, vollständige Isolation von allen Außenreizen (Entzug aller Sinnesempfindungen) und Drogen.

Ernest Hilgard, der Autor von *Divided Consciousness* (erschienen 1977), stellte fest, daß »Hypnose lediglich ein Zustand starker Beeinflußbarkeit ist, der mit Leichtgläubigkeit nichts zu tun hat«. Ein verantwortungsbewußter Hypnotherapeut sollte nur das Wohlergehen seines Patienten im Auge haben und wird deshalb ausschließlich mit Suggestionen arbeiten, die dem Patienten von Nutzen sind. Doch selbst wenn dies nicht der Fall ist, könnte der Hypnotisierte – so behauptet Hilgard und bestätigt damit frühere, von anderen Forschern durchgeführte Experimente – nicht dazu gebracht werden, sich selbst Schaden zuzufügen oder unsoziales Verhalten an den Tag zu legen. Er fand heraus, daß Hypnose und Hypnotherapie ohne die Kooperationsbereitschaft des Patienten nicht durchführbar sind, sondern seine Einwilligung voraussetzen.

Eine ähnliche Theorie besagte, daß das Gehirn aufgrund der monotonen Stimme ermüdet, mit der der Hypnotiseur seine Suggestionen ständig wiederholt. Doch in Anbetracht der Tatsache, daß ein guter Hypnotherapeut einen Menschen innerhalb weniger Sekunden in einen hypnotischen Zustand versetzen kann, muß sie sehr eingeschränkt werden.

Hypnose und Meditation

Worin unterscheiden sie sich?

Ormond McGill, in Amerika als die Autorität auf dem Gebiet der Hypnose bekannt, stellte mehrere Jahre lang Studien über Hypnose und über Meditation an. Er behauptet, daß die Hypnose grundverschieden von der Meditation sei, ja, daß man sie geradezu als ihr Gegenstück bezeichnen könnte.

Ihm zufolge gibt es einen Beweggrund hinter der Hypnose, nämlich ein gestecktes Ziel zu erreichen, wohingegen der Meditation keine spezielle Motivation zugrunde liegt und sie nicht zielgerichtet ist. Er meint ferner: »Hypnose läßt sich am besten verstehen, wenn man sie als eine Möglichkeit begreift, den menschlichen Geist anzuweisen oder zu programmieren; sie beeinflußt mehr das vegetative Nervensystem als das Zentralnervensystem, was wir am alltäglichen Verhalten von jedermann beobachten können.«

Medizinische Theorien

Ärzte und Therapeuten versuchen, die Hypnose aus medizinischer Sicht zu beschreiben

Der schottische Arzt James Braid (siehe Seite 23 und 24), der Pionierarbeit auf dem Feld der Hypnose geleistet und auch den Begriff geprägt hat, wies nach, daß Hypnose »einem veränderten Bewußtseinszustand« gleicht, in dem der Patient tief entspannt und gleichzeitig hellwach ist.

John Hartland, ein amerikanischer Arzt und Hypnotherapeut, sagte: »Die meisten Menschen sind sich darüber einig, daß Hypnose – grob gesagt – als eine Geistesverfassung definiert werden kann, in der Suggestionen nicht nur leichter aufgenommen werden als im Wachzustand, sondern in der man auch viel eher geneigt ist, sie zu befolgen.«

Dr. Fred Frankel, Professor für Psychiatrie an der *Harvard Medical School,* hat einmal festgestellt: »Kliniker erfahren bald, daß sie über die meisten Patienten nur in dem Maße Kontrolle haben, wie die Patienten diese auch zulassen; das führt zu der oft geäußerten Meinung, derzufolge ›jede Hypnose eine Selbsthypnose‹ ist.«

In ihrem Buch *Clinical Hypnotherapy* definieren David Cheek und Leslie LeCron Hypnose als »einen Zustand, in dem erhöhte Beeinflußbarkeit und verschärftes Auffassungsvermögen sowie die Bereitschaft vorherrschen, optimistischen Suggestionen nachzukommen«.

Sigmund Freuds frühe Anwendung der Hypnose erlaubte ihm, die – häufig angefochtene – Theorie aufzustellen, wonach die Hypnose Zugang zu einer weniger verstandesbeherrschten Ebene des Geistes ermögliche. Ferner behauptete Freud, ein Mensch sei psychisch gesund, wenn er leicht zu hypnotisieren sei.

Natürlich gibt es auch einige Leute, die die Theorie vertreten, Hypnose gebe es gar nicht und alle Hypnotisierten reagierten in der gewünschten Weise, um dem Hypnotiseur einen Gefallen zu erweisen, oder spielten einfach nur Theater. Einer der größten Skeptiker, der amerikanische Psychologe Theodore Barber, hat unbeirrbar immer wieder erklärt, daß es keine Hypnose gebe und daß alle Menschen dieselben Dinge, die sie in Hypnose tun, auch dann vollbringen könnten, wenn ihnen im normalen Wachzustand »motivierende« Anweisungen gegeben würden.

Doch ist es nicht verwunderlich, daß jemand vortäuschen sollte, keinen Schmerz zu verspüren, insbesondere, wenn man ihm ohne Narkose einen Arm oder ein Bein amputiert! (s. a. S. 24)

Wissenschaftliche Beweise

Neuere breitangelegte Laborforschungen bestätigen die Annahmen der ersten Wegbereiter

In mehreren amerikanischen Untersuchungen Anfang der siebziger Jahre ging es darum, die Veränderungen der elektrischen Impulse zu messen, die während der Hypnose im Gehirn auftreten. Die Ergebnisse bewiesen, daß Hypnose das oszillographische Bild und auch die chemischen Abläufe im Nervensystem verändert.

Auch Forschungen in der ehemaligen Sowjetunion ergaben, daß im Hypnosezustand ganz eindeutig sowohl körperliche als auch psychische Veränderungen stattfinden. Mit Hilfe elektronischer Apparate wurde belegt, daß es sich bei der Hypnose um einen Zustand handelt, der sich vom Schlafen wie vom Wachsein unterscheidet.

Neuere wissenschaftliche Anwendungen haben uns – mittels Aufzeichnungstechniken wie dem Biofeedback-Verfahren – weitere Bestätigungen dafür geliefert, daß ein Mensch in Hypnose eindeutige physiologische Änderungen erfährt. Im tief entspannten Zustand der Hypnose tritt das parasympathische Nervensystem in Aktion. Zusammen mit dem sympathischen Nervensystem bildet es eine Art »unterbewußtes Nervensystem«, von dem im fünften Kapitel noch die Rede sein wird. Infolgedessen werden Atmung und Herzschlag langsamer, und alle Körpermuskeln entspannen sich. Ein weiteres Anzeichen dafür, daß ein Patient sich in Hypnose befindet, sind die schnellen Augenbewegungen (rapid eye movements-REMs), die nur in der Traumphase des Schlafs vorkommen und sicherlich nicht vorgetäuscht werden können.

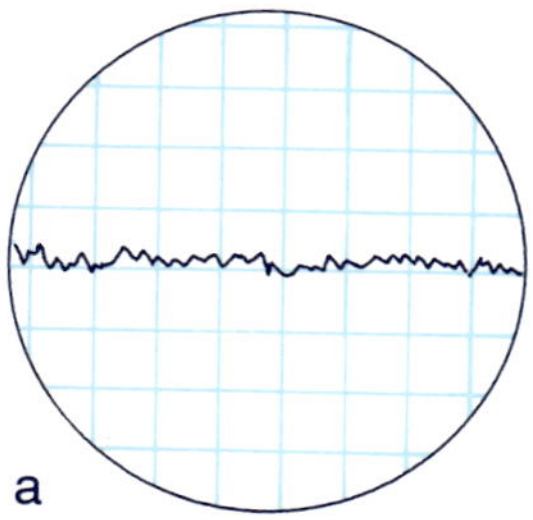

a

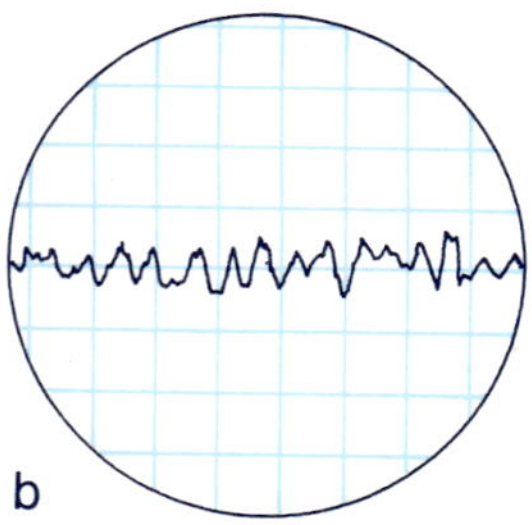

b

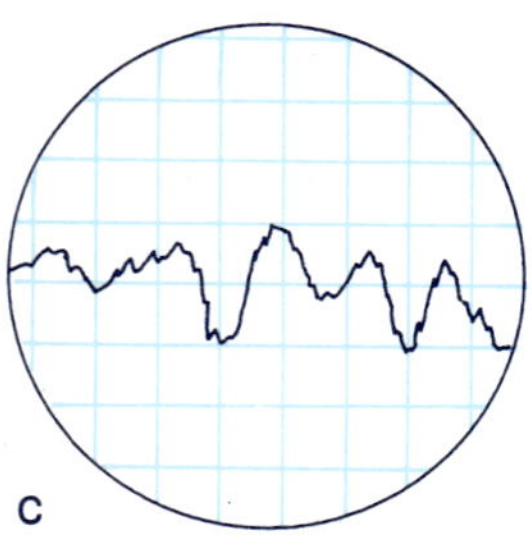

c

Elektroenzephalogramme, die die elektrischen Impulse im Gehirn veranschaulichen: bei vollem Bewußtsein (a), in leichter Hypnose (b), in tiefer Hypnose (c)

Auch Experimente mit Elektroenzephalogrammen (EEG), die unter anderem von Professor Wyke am *Royal College of Surgeons* in London und von Professor Ulett von der *American Psychiatric Association* angestellt wurden, hielten eindeutige Veränderungen der Hirnströme im hypnotischen Zustand fest.

Die Tatsache, daß der hypnotische Zustand eine so tiefgehende körperliche Entspannung mit sich bringt, hat einige Wissenschaftler wie Morton Prince und Iwan Pawlow zu der Behauptung veranlaßt, er sei durch »verschiedene partielle Dissoziationen des Bewußtseins« gekennzeichnet. Doch ist dies fraglich, wenn man bedenkt, daß der berühmte amerikanische Hypnotherapeut Dave Elman versichert: »Ein Mensch in Hypnose kann unter Umständen zweitausendmal klarer denken als in seinem gewöhnlichen Bewußtseinszustand.« Diese Aussage machte Elman vor einer Gruppe von Ärzten und erinnerte sie in diesem Zusammenhang an eine Rückführung, die er vor kurzen bei einer jungen Frau vorgenommen hatte; in deren Verlauf »erlebte« sie den ersten Tag, an dem sie laufen konnte, noch einmal: Sie erinnerte sich an alle Geschehnisse um sie herum, sah in allen Einzelheiten das Mobiliar im Zimmer vor sich, das gelbe Kleid, welches sie an diesem Tag getragen hatte, sowie das Kattunkleid ihrer Mutter; und das Interessanteste an der ganzen Sache war, daß sie sich sogar die Gefühle vergegenwärtigte.

Über das ganze Gehirn sind »Einheiten für geistige Fähigkeiten« verteilt. Im Normalzustand werden nur wenige Einheiten von der Suggestion beeinflußt (a). In Hypnose werden die Einheiten gebündelt und alle beeinflußt (b). Nach der Hypnose sind die Einheiten wieder im Gehirn verstreut, doch jede enthält nun einen bestimmten Anteil der Suggestion (c).
Quelle: *British Journal of Medical Hypnotism*

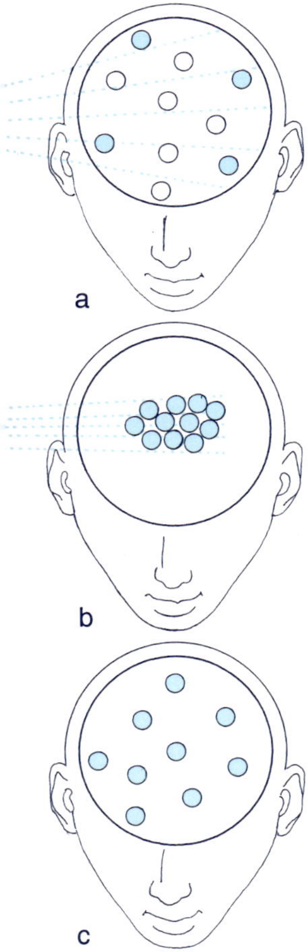

Natürlich würden sich die meisten Menschen nicht mehr an ein solch frühes Ereignis erinnern, obwohl wir wissen, daß wir alle es einmal durchlebt hatten. Im Zustand der Hypnose können diese frühen Erinnerungen bis ins kleinste Detail und in schillernden Farben wieder hervorgeholt werden.

Was also ist Hypnose? Ist sie eine »Verfassung« oder ein »Geisteszustand«? Dave Elman findet den Begriff Verfassung ungeeignet und weist darauf hin, daß er eine dauernde Eigenschaft impliziert, die sich nur langsam ändert. Ein Zustand, so behauptet er, sei vorübergehend, mehr mit einer Stimmung vergleichbar und ändere sich leicht und häufig. Daher bezeichnet er die Hypnose als einen »Geisteszustand«.

Die drei Zeichnungen (a), (b) und (c) auf dieser Seite veranschaulichen, was sich – zumindest nach Ansicht der meisten Forscher – vor, während und nach der Hypnose im Gehirn abspielt. Im ganzen Gehirn sind wahllos die sogenannten »Einheiten für geistige Fähigkeiten« verstreut. In Hypnose werden diese Einheiten gebündelt und sind alle in der Lage, eine Suggestion aufzunehmen. Nach der Hypnose zerstreuen sich die Einheiten wieder, doch jede Einheit enthält nun Bruchstücke dessen, was ihr suggeriert wurde.

Nun haben Sie wohl genug von diesen verschiedenen Theorien. Aber es ist nicht leicht, Hypnose zu definieren. Wir geben zu, daß es manchmal einfacher ist, zu erklären, was Hypnose **nicht** ist (als zu sagen, was sie eigentlich ist). Hypnose ist nicht mit Schlaf gleichzusetzen. Sie ist kein Zustand der Bewußtlosigkeit. Man fällt dabei weder ins Koma noch gleitet man in andere Sphären!

Während das Bewußtsein im natürlichen Schlaf vollkommen ausgeschaltet ist, ist es in der Hypnose ganz und gar präsent. Und darin besteht der ganze Unterschied. In der Hypnose nimmt der Betreffende alles, was um ihn herum geschieht, wahr und kann sich hinterher daran erinnern. Selbst wenn ein Hypnotherapeut seinem Klienten die posthypnotische Suggestion eingäbe, daß er nach dem Aufwachen keinerlei Erinnerung an die Sitzung haben würde, käme dem Patienten diese Eingebung innerhalb einer relativ kurzen Zeitspanne wieder ins Bewußtsein.

Die meisten Hypnotherapeuten würden der Behauptung zustimmen, daß jede Hypnose eine Selbsthypnose ist, da sie ohne

Mitwirkung des Hypnotisierten nicht funktioniert. Mit anderen Worten: Niemand kann hypnotisiert werden, sofern er es nicht wirklich wünscht. Deshalb wird sich ein verantwortungsbewußter Hypnotherapeut immer darüber im klaren sein, daß er als Katalysator und Begleiter fungiert, der den Patienten hilft, sich selbst zu helfen.

Wir sind der Ansicht, daß jeder Mensch jeden Tag – ohne sich dessen bewußt zu sein – auf natürlichem Wege in hypnotische Zustände gerät (vielleicht während er oder sie Musik hört, Tagträume hat oder ganz mechanisch den Abwasch erledigt). Ferner glauben wir, daß jeder lernen kann, sich willentlich in diesen Zustand zu versetzen und imstande ist, davon zu profitieren. Wir behaupten, daß Hypnose ein Zustand ist, in dem man tief entspannt und gleichzeitig gesammelt, aufmerksam und konzentriert ist und ganz genau weiß, was um einen herum vorgeht.

Reaktionen hypnotisierter Menschen

Normale Menschen, die sich hypnotisieren ließen, versuchen, ihre Erfahrung zu beschreiben

Wir fragten Patienten, was sie in dem Zustand, den wir Hypnose nennen, fühlten und stießen auf eine ganze Bandbreite von Empfindungen: Manche fühlten sich schläfrig, andere waren jedoch überrascht darüber, daß sie hellwach waren, alles um sich herum fast genau hören konnten und – das Wichtigste – sich die ganze Zeit darüber bewußt waren, daß sie die Situation kontrollierten.

Neben einem allgemeinen Gefühl von Schläfrigkeit empfinden sich viele Patienten als irgendwie »losgelöst« von allem, und viele haben schwere Augenlider. Manche Patienten leisten den vom Hypnotherapeuten gemachten Suggestionen Folge, andere nicht. Doch ganz deutlich spürt jeder Patient, daß er die vollkommene Kontrolle über sich und die Situation hat, daß er all seine geistigen Fähigkeiten behält und keineswegs ohne Bewußtsein oder gar im Tiefschlaf ist.

Die meisten Menschen sind nach ihrer ersten Sitzung enttäuscht, wie unspektakulär eine Hypnose ist und wie wenig sie mit jenem magischen oder mystischen Zustand zu tun hat, in den sie versetzt zu werden glaubten. Allzuoft erscheint er ihnen als ganz natürlich – und genau das ist er ja auch.
Einige unlängst gemachte Äußerungen bestätigen das:

- *»Jedesmal, wenn ich zum Zahnarzt ging, hypnotisierte ich mich selbst und brauchte so keinerlei Betäubungsmittel. Der Zahnarzt war erstaunt.«*

- *»Ich benutzte mein Reizwort im Supermarkt, wo ich gewöhnlich unter Panikattacken leide. Diesmal hatte ich nichts dergleichen. Ich erledigte alle meine Einkäufe und passierte die Kasse wie ein ganz normaler Kunde. Was für eine Erleichterung!«*

- *»Ohne Übertreibung kann ich sagen, daß die Selbsthypnose mein Leben verändert, wenn nicht sogar gerettet hat. Zum ersten Mal seit Jahren fühle ich mich wirklich wohl in meiner Haut.«*

- *»Es ist schon drei Jahre her, daß ich Sie als Patient aufsuchte; seither habe ich regelmäßig Selbsthypnose praktiziert. Vor kurzem hatte ich einen Motorradunfall, wobei ich mir mein Bein an drei Stellen brach. Ich erinnerte mich an das, was Sie über die Selbstheilung von Körper und Geist gesagt hatten, und arbeitete innerlich daran, daß meine Knochen schnell wieder zusammenwuchsen. Mein Arzt sagte mir, meine Brüche seien doppelt so schnell geheilt als er erwartet habe – einfach toll!«*

- *»Ich habe mich seit Monaten nicht so gut gefühlt wie jetzt, und alle Leute finden, daß ich viel besser aussehe – es ist, als sei ich endlich aufgewacht. Mir scheint, ich habe durch das, was Sie mich lehrten, in meinen Rollen als Sozialarbeiterin und Mutter jeweils das noch fehlende Stück im Puzzlespiel gefunden.«*

- *»Ich benutzte die Selbsthypnose, um mit dem Rauchen aufzuhören und – was für eine Überraschung! Nach vielen vergeblichen Versuchen habe ich es endlich geschafft. Seit zwei Monaten rühre ich keine Zigarette mehr an und hatte während dieser Zeit überhaupt keine Entzugserscheinungen.«*

- *»Nachdem ich zwölf Tage lang Selbsthypnose praktiziert hatte, war der Schmerz in meiner linken Seite verschwunden und ist seither nicht wiedergekommen. Das ist wirklich sehr erstaunlich, denn ich hatte zuvor so viele fruchtlose medizinische Behandlungen bekommen, daß ich schon befürchtete, diesen Schmerz nie mehr loszuwerden. Ich habe dadurch begriffen, wie wirkungsvoll Hypnose ist.«*

Die Liste könnte beliebig verlängert werden. Wir haben nur einige willkürlich gewählte Beispiele aus Briefen herausgegriffen, die wir von Klienten oder Teilnehmern unserer Selbsthypnosekurse erhielten.

Quintessenz
Wir versuchen, alle bisher gemachten Beobachtungen und Behauptungen zusammenzufassen

Dr. William Wesley Cook verfaßte um die Jahrhundertwende einen inspirierenden Aufsatz über Hypnotik; zu dieser Zeit war Cook Professor für Physiologische Medizin an der Universität von Chicago. Wir sind der Ansicht, daß viele seiner Aussagen noch heute Gültigkeit haben.

»Die Hypnotik ist die nützlichste Wissenschaft unseres Zeitalters. Sie hat in jedermanns Alltag eine große Bedeutung und bringt Vorteile mit sich, die auf keinem anderen Weg erworben werden können. Ihre Ausübung ist kein bloßer Zeitvertreib mehr, durch den man Vergnügen und einen gewissen Nervenkitzel erfährt, denn hochangesehene Fachleute erkennen nun ihren Wert und versuchen, sich ihrer zu bedienen. Wissenschaftler sehen sie als eine natürliche Kraft an, die lange Zeit ungenutzt brachlag, augenscheinlich jedoch dazu bestimmt ist, eine aktive Rolle für das Wohl und die Entwicklung der zukünftigen Generationen zu spielen.

Um Hypnotiseur zu werden, sind keine jahrelangen Studien vonnöten. Dieses große Geschenk an die Menschheit ist eine natürliche Begabung, die so gut wie jeder besitzt und die jeder mit der Geduld und der Energie weiterentwickeln kann, welche immer für die Entfaltung aller natürlichen Talente notwendig sind.

Die praxisbezogene Anwendung der Hypnosewissenschaft ist heute allgemein anerkannt. Tausende sind eifrig bemüht, ihre Prinzipien und Gesetzmäßigkeiten zu erlernen, um sich die Vorteile dieser Kräfte zunutze zu machen.

Vorurteile, Intoleranz und engstirnige Sophisterei hinderten diese große Wissenschaft bis vor kurzer Zeit an ihrer Entfaltung. Die Menschen, die genug Mut besaßen, um das erstaunliche Wesen der hypnotischen Kraft bekannt zu machen – und die sie auch beweisen konnten –, wurden als Hexen, Scharlatane, Betrüger und Quacksalber angeprangert. Aber jetzt hat sich das Blatt gewendet. Diejenigen, die man früher brandmarkte, werden heute als wissenschaftliche Wegbereiter gewürdigt, und die Lehren, die sie verbreiteten, werden von den geachtetsten Wissenschaftlern begierig aufgenommen. Was einst belächelt wurde, gilt nun als anerkannte Wissenschaft. Was man als üble Machenschaften abtat, wird heute als eine der größten Wohltaten für die Menschheit angesehen.

Die Hypnose triumphiert. Sie nimmt die Stellung einer anerkannten Wissenschaft ein, und mit ihrer gegenwärtigen Dynamik und ihrer nun nicht mehr aufzuhaltenden Entwicklung ist sie dazu bestimmt, der Welt mit ihren Einsichten wunderbare Überraschungen zu bescheren.«

Das wurde vor ungefähr neunzig Jahren geschrieben; und sicherlich wäre Dr. Cook enttäuscht darüber, daß die Hypnotik noch immer nicht die Anerkennung erfahren hat, die er ihr zugedacht hatte, obwohl zweifelsohne Fortschritte erzielt wurden.

Die Tatsache, daß es keine allgemein akzeptierte Definition des Begriffs Hypnose und ihrer vielen Anwendungsmöglichkeiten gibt, kann ein Vorteil sein. Ihrer Nutzung und Erforschung im persönlichen oder therapeutischen Bereich sind somit keine Grenzen gesetzt; und auch die Hilfe, die sie bei der Verbesserung der Lebensqualität eines Menschen bieten kann, ist dadurch unbegrenzt. Es drängt sich also eine einfache Schlußfolgerung auf: Hypnose kann als ein Hilfsmittel gesehen werden, mit dem man Antworten findet, die man – ohne sich dessen bewußt zu sein – bereits kannte. Diese ermöglichen uns, über das Erfahrene nachzudenken und schließlich daraus zu lernen, unser Verhalten zu ändern.

Sie werden nun fragen: Was kann ich persönlich von der Hypnose erwarten? Dazu können wir nur sagen, daß allein das Experimentieren mit diesem Buch und der Hörkassette Ihnen die Antwort darauf geben kann, denn jeder Mensch hat ganz individuelle Erfahrungen mit Hypnose.

Doch können wir Ihnen eines versprechen: Wenn Sie das Buch lesen, die Kassette anhören und regelmäßig entsprechend unseren Anleitungen Selbsthypnose praktizieren, wird sich Ihre Lebensqualität entscheidend verbessern. Kann man mehr verlangen?

Wir hoffen, wir haben Sie neugierig gemacht und Interesse für die geschichtliche Entwicklung der Hypnose geweckt, über die Sie nun mehr erfahren werden. Es wird Ihnen für Ihre eigene Praxis nützen, wenn wir Sie in die geschichtlichen Hintergründe einführen und deshalb auf eine Reise in die Vergangenheit mitnehmen. Ein weiser Mann sagte einst: »Es gibt absolut nichts Neues auf der Erde«, was mit Sicherheit für die Hypnose gilt. Wir übertreiben nicht, wenn wir Ihnen mitteilen, daß die Hypnose seit ungefähr viertausend Jahren bekannt ist.

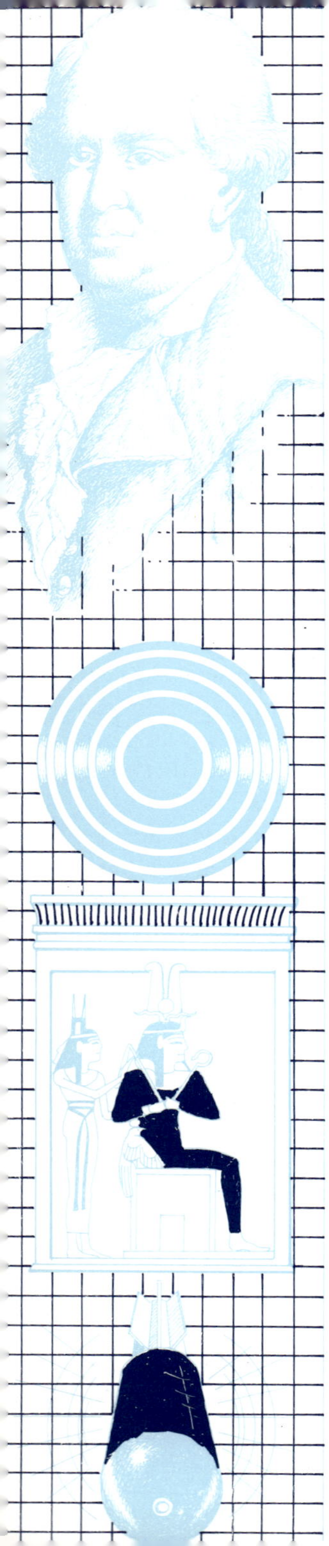

Zweites Kapitel

Die geschichtliche Entwicklung der Hypnose

Stellen Sie sich vor, Sie leben im alten Ägypten. Stellen Sie sich außerdem vor, Sie haben ein seelisches, emotionales oder körperliches Problem. Nun müssen Sie eine Entscheidung treffen: Gehen Sie in die nächste Apotheke, um ein paar Zauberpillen zu erstehen, die Ihren Zustand bessern, oder suchen Sie den ortsansässigen Arzt auf und warten mit anderen Kranken im Wartezimmer, bis Sie an der Reihe sind? Nein, Sie tun weder das eine noch das andere. Sie steigen in Ihren Pferdewagen und lenken ihn an einen Ort, der unserer heutigen Gesundheitsfarm entspricht: Sie begeben sich in einen ägyptischen Schlaftempel. Dort bleiben Sie einen Monat lang in einem tranceähnlichen Zustand und warten darauf, daß es Ihnen besser geht. Die alten Ägypter wußten, was viele unserer heutigen Ärzte vergessen haben: daß nämlich Körper und Geist sich selbst heilen können, wenn ihnen in ausreichendem Maße Ruhe gewährt wird.

Aber vielleicht leben Sie nun einmal nicht im alten Ägypten. Deshalb lassen Sie uns nach dem antiken Griechenland schauen, wo es Heilschreine gibt, die auf demselben Prinzip beruhen wie die Schlaftempel in Ägypten. Jetzt kommen wir dem Ursprung der Hypnose schon näher, denn, wie wir bereits gesagt haben, stammt das Wort von der griechischen Vokabel für Schlaf ab.

In jenen Zeiten der Antike stellte es natürlich eine Hilfe dar, wenn man gläubig war. Es scheint, daß die Hypnose ein wichtiger Teil der von den Priestern praktizierten religiösen Riten war, und Archäologen fanden viele bildliche Darstellungen, auf denen Gottesanbeter abgebildet sind, die sich ganz ohne Zweifel in einer Art Trance befinden. Eine dieser Darstellungen zeigt Chiron, einen bekannten Arzt der griechischen Antike, der einen Patienten in Hypnose versetzt, um ihn für eine Operation vorzubereiten. Sowohl die Orakel als auch die Ärzte verwendeten zu jener Zeit Hypnose, ferner Kräuter mit betäubender Wirkung sowie beißende vulkanische Dämpfe. Suchen Sie sich eine Methode aus – wir wissen schon, welche Sie bevorzugen würden.

Unsere Reise in die Vergangenheit beweist, daß die Auffassung, wonach der Geist den Körper beeinflußt, keineswegs neu ist. Schon 350 v. Chr. stellte Hippokrates, der »Vater der Medizin«, fest, daß alle Gefühle und Emotionen im Gehirn beginnen und daß diese Gefühle und Emotionen der Ursprung jeder körperlichen Krankheit sind. Hippokrates schloß daraus, daß man mit der Beeinflussung des Gehirns auch den Körper beeinflussen könne. Wenn Sie also im damaligen Griechenland leben, haben Sie vielleicht die Gelegenheit, die Medizinische Akademie und Vereinigung zu besuchen, die Hippokrates auf der ägäischen Insel Kos gegründet hatte; vielleicht haben Sie sogar die Möglichkeit, eines (oder mehrere) der siebzig imposanten Bücher zu lesen, die unter dem Namen *Hippokratischer Corpus* bekannt wurden. Darin würden Sie die Anfänge der Forschung finden, die sich der Verbindung zwischen Körper und Geist widmet.

Auch indische Yogis, Schamanen in Afrika, Nord- und Südamerika, Australien und Neuseeland sowie Menschen unterschiedlicher Geistesrichtungen auf der ganzen Erde waren von der Verbindung zwischen Geist und Körper überzeugt. Unzählige Dokumente, Gemälde und Gravierungen, überall auf der Welt, veranschaulichen, daß die Hypnose jahrhundertelang im großen Umfang praktiziert wurde. In den genannten Kulturen waren Heilungsakte immer mit einer Hypnosezeremonie oder einem Trance herbeiführenden Ritual verbunden, die den Betreffenden auf das gewünschte Ergebnis vorbereitete. Das Gelingen einer solchen Behandlung hing davon ab, ob der Betreffende an die magischen Fähigkeiten des Medizinmannes oder Schamanen glaubte, durch welche eine Heilung erwirkt werden sollte.

Mehrere Jahrhunderte hindurch war die Hypnose in Europa nicht mehr gefragt. Das war wahrscheinlich großenteils auf den machtvollen Einfluß der verschiedenen Religionen zurückzuführen, deren Führer letztlich ihre eigene Form der Hypnose anwandten, um die Massen zu beherrschen. Die Hypnose tauchte in Europa erst wieder im 18. Jahrhundert auf. Vielleicht ist es kein Zufall, daß es zu einer Zeit geschah, wo viele Menschen sich enttäuscht von den Ärzten abwandten und nicht wenige Ärzte in dem Versuch, ein Allheilmittel für alle Leiden zu finden, von der herkömmlichen Medizin Abstand nahmen.

Planeten und »animalischer Magnetismus«

Die ersten wissenschaftlichen Hypnosestudien

Wenn wir in unserer imaginären Zeitmaschine ins Österreich des 18. Jahrhunderts reisen, begegnen wir Franz Anton Mesmer (1734–1815), einem der ersten Wissenschaftler (siehe Abbildung S. 20, oben links), der sich ernsthaft für die Hypnose interessierte. Mesmer begann seine Laufbahn mit Theologie- und Medizinstudien in Deutschland und an der Wiener Universität und bestand seine Prüfungen mit Auszeichnung. Seine Doktorarbeit trug den Titel *Der Einfluß der Planeten auf den menschlichen Körper*. Mesmers frühe These beruhte auf der Annahme, daß es physikalische Kräfte im Universum gibt, die einen unsichtbaren Einfluß auf den menschlichen Körper ausüben. Dieser eigenwillige Gedanke wurde in manchen Kreisen nicht gerade mit Wohlgefallen aufgenommen. Dennoch gewann Mesmers Theorie einige Jahre später Boden, als er den Jesuitenpater Maximilian Hell traf, der hervorragende Ergebnisse bei gestörten (»hysterischen«) Patienten erzielt hatte, indem er ihnen Magnete auf den Körper legte. Die beiden kamen zu dem Schluß, daß auch der planetarische Einfluß vielleicht magnetischer Art sein könnte.

Mesmer hat später seine früheren Theorien abgeändert; er behauptete danach, daß die Planeten den menschlichen Organismus durch ein unsichtbares Fluidum beeinflußten und daß dieses Fluidum von Magneten herstammen könnte. Er gelangte zu der Überzeugung, daß von seinem eigenen Körper und seinen Händen eine heilende, magnetische Kraft ausginge. Und das, so seine Meinung, war ein vollkommen natürliches Phänomen. Daraus entwickelte er seine Theorie vom »animalischen Magnetismus«, ein Begriff, der heute den Namen »Mesmerismus« trägt.

Es scheint so, als habe Mesmer anfangs aufsehenerregende Heilverfahren praktiziert. Seine Methoden hatten etwas Theatralisches, denn sie fanden in einem großen abgedunkelten Saal statt, und seine Patienten saßen um einen Eichenbottich herum, der mit Wasser gefüllt war. In das Wasser hatte man merkwürdige Gegenstände wie eiserne Feilen, leere Flaschen, ja sogar Glasscherben hineingegeben. Den Bottich schloß man mit einem hölzernen Deckel, der von eisernen Stangen durchbohrt war. Die Patienten hielten diese Stangen fest oder legten sie auf die erkrankten Stellen ihrer Körper.

Mesmer wurde aus der Ärzteschaft ausgestoßen, dann aus Wien verbannt und zog nach Paris, wo sein beruflicher Niedergang begann; er stellte oft gefährlich falsche Diagnosen, was ihm einen äußerst schlechten Ruf einbrachte. Die Ausbreitung des Mesmerismus wurde überdies von einer Kommission behindert, die in Frankreich gebildet worden war, um das Phänomen zu überprüfen. Die Kommission, der Benjamin Franklin (zu dieser Zeit amerikanischer Botschafter in Frankreich) vorstand, schenkte der Wirksamkeit des Mesmerismus keinerlei Glauben und schrieb Mesmers zahlreiche Heilerfolge einer noch unbekannten physiologischen Ursache zu. Bedauerlicherweise konnten Mesmer und seine Kollegen die psychologische Tragweite des »animalischen Magnetismus« nicht erfassen; zu ihrer Zeit waren sie außerstande, den therapeutischen Nutzen von Autosuggestion und Hypnose vorauszusehen. Doch Mesmers Experimente und Erfolge waren wegbereitend.

Paradoxerweise deuten neuere Forschungen auf dem Gebiet der Quantenphysik darauf hin, daß der Mesmerismus tatsächlich eine gewisse Gültigkeit hat, denn ihre Theorie besagt, daß der Elektromagnetismus (nicht der »animalische Magnetismus«) eindeutig auf chemische Reaktionen des Körpers einwirkt.

Erste Schritte in Richtung Hypnose

Pioniere ebnen den Weg

Wir gehen im 18. Jahrhundert einige Zeit weiter und halten unsere Zeitmaschine ein paar Jahre später an: In Schottland begegnen wir Dr. James Braid, der die Idee des »animalischen Magnetismus« verwarf und eindeutig bewies, daß kein Fluidum vom Heiler an den Patienten überging. Er äußerte die Ansicht, der mesmerische (heilmagnetische) Zustand könne eine Form des Schlafes sein. Braid, der eine humanistische Ausbildung genossen hatte, war der erste, der das Wort »Hypnose« verwandte. Er war anfangs ziemlich skeptisch, doch seine Versuche räumten mit vielen Mythen auf, und er konnte gute Erfolge bei der Behandlung von unheilbar Kranken oder Zuständen vorweisen, die man als »nervöse Beschwerden« bezeichnete. Ebenso wies er nach, daß die persönliche Unversehrtheit eines Menschen in Hypnose sogar noch mehr gewährleistet ist, als wenn er sich in hellwachem Zustand befindet – er zeigte, daß der Patient nicht willenlos und auch nicht dem Willen des Hypnotiseurs ausgeliefert ist. Braids Versuchspersonen konnten nicht gezwungen werden, etwas gegen ihren eigenen Willen zu tun, und durch seine – überwachten – Studien wurde zum ersten Mal gezeigt, daß die

Beziehung zwischen dem Patienten und dem Hypnotiseur auf Zusammenarbeit und Vernunft beruht.

Ferner bewies Braid, daß der Hypnosezustand dadurch erzielt werden kann, daß der Patient seine Augen auf einen bestimmten Gegenstand richtet (bis heute werden die meisten Hypnosen auf diesem Wege erreicht). Seine Erfolge spornten ihn an und bald war er so überzeugt vom therapeutischen Nutzen der Hypnose, daß er sie ganz allgemein zur Linderung von Beklemmungszuständen und Schmerzen empfahl.

Dank Braid wurde die Hypnotik als »neue Wissenschaft« angesehen und kam nach heftigem Widerstand und trotz vieler Feinde – zumindest zeitweise – zu Ruhm und Ansehen.

Hypnotische Narkose

»Gott will, daß die Menschen leiden«

Wir befinden uns nun in der Mitte des 19. Jahrhunderts und reisen nach Kalkutta (Indien), wo wir einem weiteren schottischen Arzt namens James Esdaile begegnen. Esdaile führte mehr als dreitausend Operationen durch – wovon mehr als dreihundert schwere Eingriffe waren – und wandte zur Betäubung lediglich die Hypnose an. Zu der damaligen Zeit lag die Sterblichkeitsrate nach Operationen zwischen fünfundzwanzig bis fünfzig Prozent. Doch als Esdaile begann, mit der hypnotischen Narkose zu arbeiten, konnte er zu seiner Freude feststellen, daß die Zahl der Todesfälle bis auf fünf Prozent sank. Warum das so war, wußte er nicht. Der heutige Kenntnisstand legt die Vermutung nahe, daß das Unterbewußtsein eine größere Widerstandskraft gegen Infektionen entwickelt, wenn Hypnose angewandt wird.

Bedauerlicherweise gelang es Esdaile nicht, seine konventionell denkenden Kollegen von der Wirksamkeit der Hypnose zu überzeugen; sie waren allen Ernstes der Ansicht, daß seine Patienten nur vorgaben, sie empfänden keinen Schmerz, um ihm einen Gefallen zu erweisen! Esdaile wurde vom Britischen Ärzteverband der Prozeß gemacht, er verlor schließlich seine Approbation. Man bezichtigte ihn vor Gericht der Gotteslästerung, weil er versucht hatte, den Schmerz zu überwinden; vor aller Öffentlichkeit wurde erklärt: »Gott will, daß die Menschen leiden.«

Wir hoffen, Sie sind des vielen Herumreisens noch nicht überdrüssig, denn mit voranschreitender Zeit und unserer Rückkehr nach Europa – um genau zu sein: nach Paris – wird es spannender. Hier stoßen wir auf Dr. Jean Martin Charcot. Charcot war

Neurologe und Nervenarzt; er bewies, daß viele hysterischen und manche unerklärlichen Symptome durch Hypnose verringert oder zum Verschwinden gebracht werden konnten. Interessant an seiner Arbeit war unter anderem sein Beweis, daß nicht nur Frauen an Hysterie litten. Bis dahin hatte man angenommen, daß Hysterie auf krankhafte Vorgänge in der Gebärmutter zurückzuführen sei (der Begriff Hysterie ist vom griechischen Wort *hustera* = Uterus abgeleitet). Charcot folgte Mesmers Ideen über den »animalischen Magnetismus«, aber sein größtes Verdienst war es, Interesse für die psychologischen Ursachen der Hysterie zu wecken und die Hypnose bei deren Behandlung einzusetzen. Denn damit erregte er die Aufmerksamkeit einer der herausragendsten Persönlichkeiten des 20. Jahrhunderts.

Die Anfänge der Psychoanalyse

Die Rolle, die Hypnose bei der Entdeckung der menschlichen Psyche spielte

Noch immer sind wir nicht im 20. Jahrhundert angekommen, doch weit sind wir nicht davon entfernt, wenn wir nun nach Österreich zurückkehren. Falls Sie reich sind und in Wien leben, begegnen Sie wahrscheinlich einmal Sigmund Freud, über den so viele Bücher geschrieben worden sind, daß sie eine kleine Bibliothek füllen würden.

Freud arbeitete zuerst als praktischer Arzt in Wien, spezialisierte sich dann auf Neurologie und ging 1885 nach Paris, wo er bei Jean Charcot studierte. Anschließend kehrte er nach Wien zurück und entwickelte ein besonderes Interesse an Psychopathologie. Vor allem beeindruckten ihn die Heilungserfolge bei Hysterie, die erzielt wurden, indem man den Patienten in Hypnose dazu brachte, sich an die Ursprünge seiner Emotionen und an die mit der Hysterie zusammenhängenden Gefühle zu erinnern. Freud und seine rasch steigende Anzahl von Anhängern waren überzeugt, daß die Hypnose – ebenso wie die Traumanalyse – ein Zugang zum Unterbewußtsein sei. Bei seinen ersten psychoanalytischen Versuchen wandte er die Hypnose an, um verschüttete Ursachen für die Probleme seiner Patienten freizulegen und ihnen traumatische Kindheitserfahrungen ins Gedächtnis zurückzurufen. Nach Ansicht Freuds erschloß ein Patient dadurch, daß er die Ursache für sein Leiden erkennen ließ, den Weg zur Heilung.

Freud war einer der ersten, der die analytische Methoden entwickelte, die wir heute unter dem Namen Psychoanalyse kennen. Seine Anwendung der hypnotischen Katharsis – ein Sich-Befreien von seelischen Konflikten und inneren Spannungen in Hypnose – ersetzte er später durch die »freie Assoziation« und die »Übertragung« auf den Therapeuten. Zuerst behauptete Freud, daß seine psychotherapeutische Methode nur zusammen mit der Hypnose richtig angewandt werden könnte. Später gab er diese Meinung jedoch aus zwei möglichen Gründen auf. Man nimmt an, daß es Freud schwerfiel, Menschen in die Augen zu sehen, weswegen er die leichtere Möglichkeit wählte und sich während der Analysesitzungen hinter die auf der Couch liegenden Patienten setzte. Zudem befürchtete er anscheinend, daß manche Patienten sich eher fiktive als wirkliche Kindheitserfahrungen ins Gedächtnis riefen. Was immer die genauen Beweggründe gewesen sein mögen, Freuds Verwerfung der Hypnose stellte – in Anbetracht seines ungeheuren Einflusses und seiner großen Anhängerschaft – einen ernsthaften Rückschlag für die Hypnotik dar.

Auch Carl Gustav Jung, ein früher Mitarbeiter von Freud, hatte Bedenken hinsichtlich der Hypnose, doch seine Theorie vom »kollektiven Unbewußten« eröffnete viele Forschungswege, von denen die Menschen noch heute fasziniert sind. Sowohl Freuds als auch Jungs Ansatz sind angewiesen auf sehr langfristige Therapien und Arbeiten mit dem individuellen Unterbewußten – die Konzeptionen sind im Lauf der Zeit so weit getrieben wurden, daß Menschen oft viele Jahre lang die Dienste eines Psychoanalytikers in Anspruch nehmen. Wir sind der Meinung, daß die Hypnose einen wirksamen Zugang zum Unterbewußtsein eines Menschen erlaubt, wodurch sich Probleme rasch und überzeugend lösen lassen.

Zu Beginn des 20. Jahrhunderts untersuchte der Britische Ärzteverband die medizinische Anwendung der Hypnose. Das Ergebnis war eine völlige Mißbilligung, was möglicherweise auf die damals weitverbreiteten Hypnosevorführungen zurückzuführen ist.

Doch der Erste Weltkrieg zeigte ein neues Phänomen: Viele Soldaten gerieten während der Schlachten in eine Art Trancezustand, der sich bis zu einer völligen Lähmung steigern konnte. Da man von ärztlicher Seite die Theorie von der Hysterie aufgegeben hatte, wurde der Begriff Kriegsneurose geprägt. Erst nachdem eine ganze Reihe Männer vor Militärgerichten verurteilt und wegen Feigheit erschossen worden waren, erkannte man, daß dieser Zustand in der freien Natur häufig vorkommt, nämlich dann, wenn Tiere sich instinktiv ganz steif machen, um bei drohender Gefahr nicht entdeckt zu werden. Da dies im Unterbewußtsein ablief, entdeckte man die Hypnose als eine wirksame Möglichkeit zur Behandlung dieses Syndroms. Daher gewann die Hypnose während des Zweiten Weltkriegs an Glaubwürdigkeit. In japanischen Kriegsgefangenenlagern wurden einige Operationen – mangels chemischer Betäubungsmittel – mit Hypnose durchgeführt.

Kunstfertigkeit und Wissenschaft der Hypnose entwickeln sich

Britischer und Amerikanischer Ärzteverband billigen die Anwendung der Hypnose

Jetzt reisen wir mit unserer Zeitmaschine ins Australien der fünfziger Jahre und finden dort Ainslie Meares, einen australischen Psychiater, vor. Meares entwickelte einen neuen, auf den Theorien des russischen Physiologen Iwan Pawlow beruhenden Ansatz. Demzufolge ist der Teil des Gehirns, der stärker rational gesteuert wird, im Zustand der Hypnose ausgeschaltet, was eine erhöhte Aktivität in den anderen Bereichen – die wir als den unterbewußten Teil unseres Geistes kennen – ermöglicht.

Meares behauptete, die stärker vom Unterbewußtsein dominierten Teile des Gehirns seien bei einem in Hypnose befindlichen Menschen empfänglicher für Suggestionen. Er meinte, daß Gedanken, die von der kritischen Beurteilung des Bewußtseins befreit wären, schneller aufgenommen und zudem tiefer verankert würden.

Doch die Zeit steht nicht still, und wir reisen weiter, diesmal in die Vereinigten Staaten von Amerika, wo wir auf Dr. Milton Erickson stoßen, der sowohl Mediziner als auch Psychologe war. Er gründete und leitete die *American Society of Clinical Hypnosis*.

Erickson übte großen Einfluß auf die Hypnotherapie aus, denn er hatte einen völlig andersartigen Ansatz entwickelt. Er führte einen liberaleren Stil ein, der in auffälligem Gegensatz zum autoritären Gehabe früherer Hypnotiseure stand. Sein Ziel war es, eine Form der Hypnose zu finden, die auf den Lebensstil und die Interessen des Patienten zugeschnitten war, wodurch sein Bewußtsein den hypnotischen Zustand als angenehm empfände und dies ihm erlauben würde, sich selbst auf eine ganz neue Art und Weise zu verstehen. Der Patient sollte nicht vom Therapeuten beherrscht, sondern ermutigt werden, die Hypnose als vollkommen natürlichen Geisteszustand zu akzeptieren, der ihm Hilfe zur Selbsthilfe vermitteln kann.

Wir befinden uns noch immer in Amerika und haben es jetzt mit Dave Elman zu tun. Sein Ansatz unterschied sich vollkommen von dem Ericksons; er veranstaltete viele aufsehenerregende Vorführungen, bei denen er demonstrierte, wie schnell und effektiv Hypnose bei einer Vielzahl von Therapien eingesetzt werden konnte. Schon als achtjähriger Junge hatte er begonnen, sich für die Hypnose zu interessieren. Über einen Zeitraum von mehreren Monaten hinweg hatte er mitansehen müssen, wie sein Vater langsam und qualvoll an Krebs starb. Nach Meinung der Ärzte konnte man nichts tun, um das Leiden des Vaters zu lindern. Doch eines Tages kam ein Hypnotiseur ins Haus, und nachdem der kranke Vater einige Minuten hypnotisiert worden war, verschwand der Schmerz. Dave Elman vergaß nie, daß sein Vater auf diesem Wege Linderung erfahren hatte.

Elman arbeitete zuerst als Hypnosevorführer und entwickelte dabei die rasch wirksamen Induktionstechniken, die ihn bekannt machen sollten. Er hatte keinerlei wissenschaftliche Ausbildung, doch mit 49 Jahren arbeitete er – auf Bitte einiger Ärzte – den später nach ihm benannten Lehrgang in klinischer Hypnose aus. Er wurde berühmt als einer der besten und erfolgreichsten Hypnoselehrer in Amerika.

Zu Elmans Besonderheiten (die die Autoren dieses Buches sich anzueignen versuchten) gehörten sein Einsatz rasch wirksamer Induktionstechniken, bestimmter Worte und eines spezifischen Tonfalls sowie sein großes Talent, eine positive Erwartungshaltung für eine Änderung aufzubauen. Sein Beitrag stellte einen riesigen Fortschritt in der Geschichte der Hypnose dar; er nahm dem Begriff viel von seiner mystischen Aura und paßte die Hypnotherapie den Gegebenheiten des 20. Jahrhunderts an.

Eine weitere bekannte Therapeutin, die Amerikanerin Virginia Satir, verfolgte in ihrer Arbeit einen ähnlich liberalen Ansatz wie Milton Erickson. Ihre Technik beruhte darauf, daß es den Patienten kaum bewußt war, wenn sie in Hypnose versetzt wurden. Ihre Beiträge zur Hypnotherapie schlossen auch den Teil ihrer Arbeit ein, der heute in weiten Kreisen als Familientherapie bekannt ist. Ausgehend von eigenen Erfahrungen im Umgang mit behinderten Kindern, begann sie, das Verhalten der gesamten Familie und die Wechselwirkung der einzelnen Familienmitglieder zu beobachten.

Satir entwickelte auch eine Technik, die den Namen Teiltherapie trägt und auf der Annahme beruht, daß unser Geist aus vielen verschiedenen Teilen besteht, von denen jeder für einen anderen Aspekt der Persönlichkeit zuständig ist. Diese Technik bildete die Basis für unsere heutigen fortschrittlichen Hypnotherapiemethoden.

Wir stecken mit unserer Zeitmaschine nun schon eine ganze Weile in Amerika fest und verweilen hier auch noch etwas länger, um uns die Begründer des Neurolinguistischen Programmierens näher anzusehen. Hier soll es nur eine kurze Erwähnung finden, da wir an späterer Stelle noch im einzelnen darauf eingehen werden.

Das Neurolinguistische Programmieren (NLP) wurde von dem Mathematiker Richard Bandler und dem Linguisten John Grinder erfunden und besteht aus einer Reihe revolutionärer Techniken, die großenteils auf den Arbeiten von Erickson und Satir beruhen. Seit einiger Zeit erregt das NLP beträchtliches Interesse, da man mit seiner Hilfe den Weg zu menschlichen Bestleistungen in Industrie, Sport und zu einem raschen Erfolgsnachweis im therapeutischen Bereich geöffnet hat. Die Anwendung der NLP-Techniken bei der Hypnose hat viel zum Fortschritt der Hypnotherapie beigetragen.

Alle diese erfahrenen Hypnoseanwender erkannten eine verblüffend einfache Tatsache, die wir – aus gutem Grund – in diesem Buch noch mehrmals wiederholen werden: Trotz ihrer wechselvollen Geschichte ist die Hypnose ein vollkommen natürlicher Geisteszustand – ein Zustand, in den jeder Mensch ganz unwillkürlich mehrmals täglich gerät. So ist es nicht immer leicht zu wissen, wann jemand wirklich in Hypnose ist. Die genannten Praktiker betrachteten sie als ganz natürlichen Zustand und versuchten, sie für den Menschen nutzbar zu machen. Mit diesem Buch verbinden wir das Anliegen, an der Stelle weiterzumachen, wo sie aufgehört haben.

Und zum Schluß müssen wir einen Blick auf die Arbeit von Bill Atkinson-Ball werfen, dem Begründer des *Atkinson-Ball*

College of Hypnotherapy and HypnoHealing in England, ohne dessen Arbeit dieses Buch nicht hätte geschrieben werden können. Seine innovative und anregende Tätigkeit hat viel zur Verbesserung der Richtlinien für die Hypnotherapie in England und den Vereinigten Staaten beigetragen. Seine rasch wirksamen Induktionen und seine Intuition im Umgang mit Patienten waren einmalig. Er begann seine Forschungen an der Universität von Nottingham in England. Dorthin war er von der Royal Air Force geschickt worden, um herauszufinden, inwieweit Hypnosetechniken bei der Behandlung von Soldaten helfen könnten, die aus Korea zurückgekehrt waren und an Kriegsneurosen litten. Später wandte er diese Techniken bei sich selbst an und genas damit vollständig von einer Arthritis, an der er aufgrund eines Flugunfalls gelitten hatte. Diese Erfahrung brachte ihn dazu, sein Spezialgebiet, die Hypnoheilung zu entwickeln. Doch davon später.

Nun sind wir am Ende unserer Reise durch die Geschichte der Hypnose angelangt. Wir haben gesehen, wie die Hypnose sich im Laufe der Jahrhunderte entwickelt hat und wie ihr diese Entwicklung eine wichtige Rolle bei der Selbstverwirklichung der Menschen zuspielte. Es ist angebracht, hier auf die lange Zeit hinzuweisen, die es brauchte, bis die Hypnose ihre gegenwärtige Anerkennung fand. Überlebt hat die Hypnosetechnik in den vergangenen Jahrhunderten, weil die Arbeit von Laienhypnotiseuren – zuweilen auch Hypnosevorführern – sie immer wieder zum Gegenstand öffentlicher Beachtung werden ließ. Diese haben somit in beträchtlichem Maße dazu beigetragen, enormes Interesse für alle heute gebräuchlichen bewußtseinserweiternden Techniken zu wecken.

Gibt es die Hypnose wirklich?

Ein Skeptiker versucht zu beweisen, daß Hypnose nicht existiert

Es gibt Menschen, darunter viele Psychologen, die emsig zu beweisen versuchen, daß es so etwas wie Hypnose gar nicht gibt. Kürzlich wollte ein Psychologe im staatlichen britischen Fernsehen den Beweis erbringen, daß die hypnotische Trance nicht existiert. Er begann mit der Behauptung, es gäbe keinen eindeutigen Beleg für den Trancezustand durch Hypnose; folglich müsse er auf etwas anderes zurückzuführen sein. Dann führte er eine hypnotische Induktion mit einer Studentenklasse durch, die hinterher auf Nachfrage erklärten, sie wären sich aller Dinge, die währenddessen geschehen seien, bewußt gewesen und könnten sich an alles erinnern; deshalb könne das, was sie erlebt hatten, auch keine Hypnose gewesen sein.

Etwas später veranlaßte der Psychologe einen Studenten, »vorzutäuschen«, er sei in Hypnose. Bald ließ dieser Student einige eindeutige Anzeichen einer echten Hypnose erkennen, obwohl *er* selbst davon überzeugt war, nur zu simulieren. An einem bestimmten Punkt gelang es dem Psychologen, bei seiner Versuchsperson eine sogenannte »Katalepsie« (Körperstarre) herbeizuführen. Das ist ein Zustand, in dem der Körper so steif wird, daß man ihn zwischen zwei Stühle legen – den Kopf auf den einen, die Füße auf den anderen – und sich ein Mensch darauf stellen kann. (Versuchen Sie das nie bei sich zu Hause!)

Dann überredete der Psychologe seinen Studenten, eine rohe Zwiebel zu essen, nachdem er ihn davon überzeugt hatte, daß es sich dabei um einen Apfel handle. Der Student biß zwei große Stücke von der Zwiebel ab und schien ihren Geschmack zu mögen. Das entspricht genau der Reaktion, die man von jemandem erwartet, der sich in einer tiefen Hypnose befindet. Am Ende des Experiments behauptete der Student, er sei sich vollkommen darüber im klaren gewesen, daß er in Wirklichkeit eine Zwiebel gegessen habe. Doch erst in diesem Augenblick traten Tränen in seine Augen. Das war nicht geschehen, solange er »fingiert« hatte.

Die Behauptung des Psychologen lief praktisch darauf hinaus, daß es den hypnotischen Zustand nicht gebe; die Beschäftigung damit sei daher eine reine Zeitverschwendung. Er benutzte Begriffe wie »gesellschaftlicher Gehorsam«, um damit erklären zu können, daß ein hypnotisierter Mensch befähigt ist, Zeichen der Kontrolle über den eigenen Geist zu geben. Am Ende verglich er die Hypnose mit dem Dodo (einem ausgestorbenen Taubenvogel) und sagte, genauso wie diese unglückselige Kreatur würde auch die Hypnose eines Tages verschwinden. Doch da sind wir anderer Meinung.

Welchen Namen Sie der Hypnose geben, ist letztlich nebensächlich. Wichtig ist, was Sie damit tun. Ob das Verfahren des skeptischen Psychologen nun Hypnose genannt werden kann oder nicht, spielt unserer Ansicht nach keine Rolle; die Wirkungen waren jedenfalls bemerkenswert. Würde man sie als hypnotisch bezeichnen, käme es auf dasselbe heraus.

Übertragung in der Hypnose

Der Vorteil der Hypnotherapie gegenüber der Psychoanalyse

Bei einer Psychoanalyse besteht die Gefahr, daß ein Patient von seinem Therapeuten abhängig wird, entweder, weil er das Bedürfnis hat, die Verantwortung an jemand anderen abzugeben, oder wegen der »Übertragung«, bei der der Analysand Gefühle, die er für eine bestimmte Person hegt, auf den Therapeuten »überträgt«. Hegt ein Analysand zum Beispiel aggressive Gefühle gegen seine Mutter, kann er diese Gefühle unbewußt auf den Analytiker übertragen, indem er ihn in der Rolle der Mutter sieht, und somit auf ihn – statt auf sie – zornig sein.

Besonders in langwährenden Therapien tritt eine solche Situation häufig ein; sie kann ein gutes Mittel für den Patienten sein, Zugang zu seinen verdrängten Gefühlen zu finden. Doch in der modernen Hypnotherapie sind die relative Kurzfristigkeit der Therapie und die Konzentration auf den Patienten eine Gewähr dafür, daß es zu dieser Übertragung und Abhängigkeit nicht kommen kann. Bei dieser Vorgehensweise stellt sich das Problem der Übertragung erst gar nicht.

Veränderung

Hypnose befähigt uns, uns zu verändern – mit der Hilfe von anderen Menschen oder aus eigener Kraft

Wenn es etwas gibt, worauf die Menschen gewöhnlich keine Lust haben, dann ist es Veränderung. Jeder, der einmal die Streßmechanismen des menschlichen Körpers studiert hat, weiß, daß jede Art der Veränderung eine Streßreaktion auslöst. Die Tatsache, daß Sie gerade dieses Buch lesen, zeigt, daß Sie Veränderungen positiv gegenüberstehen – zumindest in diesem Augenblick und in einem von Ihnen festgesetzten Maße. Die Hypnose stellt eines der wirksamsten Mittel zur Veränderung dar. Damit macht sie sich natürlich nicht nur Freunde, wie das folgende Beispiel veranschaulicht:

Kürzlich startete in England eine in den Medien ziemlich bekannte Frau einen heftigen Angriff gegen die Hypnotherapie, und zwar deshalb, weil sich ihr Ehemann, nachdem er einen Lehrgang für Hypnotherapie besucht hatte, stark verändert hatte. Diese Veränderungen sollen den Ehemann angeblich dazu gebracht haben, die Beziehung zu ihr zu lösen.

Ein gewisses Gefühl der Bitterkeit seitens dieser Frau ist verständlich, wenn sie sich auch – wir wir meinen – an die falsche Adresse richtet. Jede Liebesbeziehung wird auf der unbewußten Ebene gebildet. Partnerschaftsberater sprechen vom »Zusammenpassen«; der Volksmund nennt es die »Chemie«, die – im besten Fall – stimmt. Oft fühlt sich der eine Partner zum anderen hingezogen, weil er unbewußt erkennt, daß dieser etwas besitzt, was er selbst nicht hat. Menschen, die grundverschiedene Charaktere haben, führen oft langwährende, erfolgreiche Beziehungen.

Wenn eine Beziehung sich verändert – da die dazugehörigen Menschen es tun – ändert sich auch diese »Chemie«. Wenn beide Partner sich darauf einstellen können, hat die Beziehung Bestand. Wenn nur ein Partner sich verändert – mehr Selbstvertrauen bekommt, sich intellektuell oder künstlerisch oder auf andere Weise weiterentwickelt – und der andere Partner »stehenbleibt«, kommt es zu Spannungen, die zum Bruch führen können.

Es ist nur natürlich, daß sich die Partner immer dann, wenn Probleme in der Beziehung auftreten, gegenseitig die Schuld zuschieben. Häufig werden Seitensprünge, mangelndes Verständnis, unvernünftiges Verhalten oder andere Faktoren als Gründe für die Krise angegeben. In Wirklichkeit ist jede Beziehung ein auf der unbewußten Ebene geschlossener Pakt. Seitensprünge sind lediglich die Symptome dafür, daß sich der Pakt verändert hat, und nicht die Ursache der Änderung. Obwohl Schuldzuweisung ein verständlicher Schutzmechanismus ist, ist sie in einer Beziehung nicht angebracht. Wollte man also die Hypnotherapie für das Ende einer Beziehung verantwortlich machen, wäre es ein wenig so, als brächte man den Boten dafür um, weil er schlechte Nachrichten übermittelte.

Kontrolle und Gefahrlosigkeit

Wer hat die Kontrolle?

Wo immer über Hypnose diskutiert wird, fällt unweigerlich auch das Wort Kontrolle; denn darum geht es ja hauptsächlich in der Hypnose. Wer hat also die Kontrolle? In der natürlichen (das heißt nicht durch Drogen herbeigeführten) Hypnose gibt der Hypnotisierte zu keinem Zeitpunkt die Kontrolle ab. Vielmehr lernt ein Mensch in Hypnose, wie er seinen (bzw. ihren) Geist beherrschen kann.

In der Vergangenheit sind allerlei Behauptungen darüber gemacht worden, daß es möglich wäre, Menschen in Hypnose – ungeachtet ihres sonst üblichen Verhaltens – zu jedweder gewünschten Handlung zu bewegen. Trotz des bewiesenen Gegenteils kursieren viele Geschichten über Mörder, die durch Hypnose darauf programmiert wurden, im Auftrag von anderen Menschen Befehle auszuführen. Und tatsächlich hat man viel Geld und Zeit in Versuche investiert, bei denen Menschen, die von anderen kontrolliert wurden, zu Verbrechen animiert werden sollten.

Man nimmt an, daß religiöse Sekten in vergleichbarer Weise funktionieren und Menschen dazu bringen, ihre lebenslangen Überzeugungen aufzugeben und sich vollkommen atypisch zu verhalten. Leute, die es sich zur Aufgabe gemacht haben, angeworbene Mitglieder aus den Fängen dieser Gemeinschaften zu retten, sprechen von einer notwendigen »Deprogrammierung« bei diesen Menschen.

Experten auf diesem Gebiet sind sich darüber einig, daß es durchaus möglich ist, jemandes Geist zu beherrschen. Doch auch wenn nicht ausgeschlossen ist, daß man die Hypnose in dieser Weise mißbrauchen kann, möchten wir ausdrücklich betonen, daß Hypnose für sich allein nicht ausreicht. Andere Voraussetzungen sind dabei maßgeblich; will man einen Menschen wirklich unter Kontrolle bekommen, müssen andere Faktoren wie die vollkommene Manipulation seines Umfeldes, der Einsatz von Drogen, Schlafentzug über einen längeren Zeitraum hinweg und eine erzwungene Änderung seiner Wirklichkeitswahrnehmung zum Tragen kommen. Das alles führt zu Desorientierung und – schlußendlich – zu einer Neuprogrammierung.

Wie Sie sehen können, geht das weit über die Gebiete von Hypnose und Hypnotherapie hinaus. Wenn eine vollkommene Beherrschung des Geistes lediglich durch Hypnose möglich wäre, hätten Hypnotiseure schon längst die Herrschaft über die Welt erlangt!

Artistische Hypnosevorführer wollen ihren Zuschauern genau das weismachen und den Mythos aufrechterhalten, wonach man jemandes Geist beherrschen und ihn dazu zwingen kann, etwas gegen seinen Willen zu tun. Doch bei einer öffentlichen Hypnosevorführung prüft der Hypnotiseur, ehe er in Aktion tritt, jeden einzelnen Freiwilligen genau, um festzustellen, inwieweit er mit dessen Vorstellungskraft arbeiten kann. Diejenigen wird er auswählen, die dafür am besten geeignet und willig sind, sich den – zuweilen – befremdlichen Suggestionen des Hypnotiseurs zu fügen. Wenn Sie je eine Hypnoseshow live gesehen haben, wird Ihnen nicht entgangen sein, daß der Hypnotiseur aus einer großen Anzahl Freiwilliger etwa zehn oder zwölf Personen heraussucht und von diesen wiederum nur vier oder fünf zu seiner »Nummer« heranzieht. Dabei handelt es sich um Freiwillige, die dem Hypnotiseur im Grunde ihr stillschweigendes Einverständnis geben: *Sie versetzen sich selbst in Hypnose.* Jeder Freiwillige erlebt die nun folgende Vorführung als in gewisser Weise real, doch er hat sich zuvor innerlich darauf eingelassen.

Aber das kann eine einmalige Gelegenheit sein, sich selbst einmal zum Narren zu machen und hinterher einem anderen (bzw. etwas anderem) die Verantwortung dafür zuzuschieben!

Wahrscheinlich vermuten Sie, daß bei Hypnosevorführungen oder ähnlichem genau solche Personen herausgerufen werden, um den sogenannten »hypnotischen Suggestionen« Folge zu leisten. Das ist in der Tat richtig, und ein routinierter Hypnosevorführer achtet immer auf gewisse verräterische Merkmale. Man könnte daraus folgern, daß ein Mensch, der bereit ist, sich in dieser Weise zu verhalten, fähig ist, »loszulassen« und die üblichen Verteidigungsmechanismen nicht benötigt. Es könnte auch ein Mensch sein, der der Wirklichkeit ausweicht. In beiden Fällen ist er ein interessanter Kandidat für eine Hypnoseshow.

Ganz ohne Zweifel kann eine bestimmte Form der Hypnose zur Manipulation eingesetzt werden. Massenmanipulation findet rund um die Uhr statt, nutzt eine bestimmte Form der Hypnose und wird von der Gesellschaft nicht nur stillschweigend geduldet, sondern aktiv unterstützt. Sie geschieht nicht durch Ärzte, Psychiater, Psychologen, Hypno- oder sonstige Therapeuten – sie geschieht durch die Werbung.

Massenmanipulation

Werden wir von Werbung und Medien hypnotisiert?

Viele Werbespots sind darauf ausgerichtet, zwischen einem bestimmten Produkt und einem positiven Gefühl eine Verbindung herzustellen. Das Entscheidende dabei ist: Wenn Sie dieses Produkt kaufen, erleben Sie das Gefühl – wenn Sie eine andere Marke kaufen, dann eben nicht. Die Gefühle können von »gut« bis »richtig« oder »sexy« und ähnlichem reichen, wobei auch alle möglichen Kombinationen und Überlappungen denkbar sind.

Hinter der Fernsehwerbung steckt vor allem die Idee, daß die Spots nur ein- oder zweimal gesehen und dann nicht mehr beachtet werden sollten. Auf diese Weise erfassen Sie die Information auf der bewußten Ebene, und indem Sie danach Ihre Aufmerksamkeit anderen Sendungen zuwenden, verlagert sich die besagte Information auf Ihre unbewußte Ebene, dort, wo die Gefühle herkommen. Manche Werbespezialisten gestalten ihre Spots so grotesk, daß man es kaum erträgt, sie zweimal zu sehen. Vom Standpunkt des Werbefachmanns aus gesehen, ist das natürlich positiv: Die Aussage prägt sich Ihnen ein, ganz gleich, ob sie Ihnen gefällt oder nicht.

Werbung hat wenig mit rationalem Denken zu tun. Auf der rationalen Ebene sind die meisten Werbespots vollkommen unlogisch. Beispielsweise sollen die Werbespots für Luxuswagen gewöhnlich Männer ansprechen. Die Botschaft lautet häufig etwa so: Wenn Sie dieses schneidige Gefährt mit Superluxusausstattung fahren, gelangen Sie an exotische Orte, genießen die bewundernden Blicke der Einwohner und bekommen jede Frau, die Sie wollen. Mit anderen Worten: Sie werden den Lebensstil führen, den Sie sich immer gewünscht haben.

Auf der bewußten, rationalen Ebene ist Ihnen klar, daß Sie sich ein solches Auto wohl gar nicht leisten können; und selbst wenn Sie Ihr ganzes Geld zusammenkratzten, würde sich das auf Ihren jetzigen, vergleichsweise bescheidenen Lebensstil wahrscheinlich eher nachteilig auswirken. Selbst wenn Sie sich einen solchen Wagen problemlos leisten könnten, wissen Sie, daß der Besitz des Wagens allein nicht bedeutet, daß Sie jede Frau bekommen. Aber auf der unbewußten, emotionalen Ebene ist die Vorstellung natürlich angenehm ...

Vor zwanzig Jahren gab es im englischen Fernsehen eine Werbung für ein Abführmittel. Sie zeigte eine Frau, die in eine fahrende Bücherei kommt und nach einem Biologiebuch fragt, weil sie unter Verstopfung litt! Diese Vorstellung war so fürchterlich, daß beinahe sie allein schon ausreichte, um einen Massendurchfall auszulösen. Es ist nun zwanzig Jahre her, seit wir diesen Spot zum letzten Mal gesehen haben, aber das Bild (und das Produkt) ist uns noch lebhaft im Gedächtnis. Probieren Sie doch einmal folgendes aus: Wenn Sie das nächste Mal mit einer Gruppe von Leuten zusammen sind, pfeifen Sie eine Kennmelodie oder sagen Sie den Werbeslogan eines bekannten Produkts oder einer Fernsehsendung auf, und dann schauen Sie, wie die Leute reagieren. In diesem Augenblick werden Sie die Gedanken der Leute für kurze Zeit in eine von Ihnen gewünschte Richtung gelenkt haben, auf die sich die Gruppe, ohne es zu wollen, sofort eingelassen hat. Dieses einfache Beispiel verdeutlicht die ungeheure Macht der Suggestion.

Ein immer wiederkehrendes Thema

Warum Hypnotherapie in manchen Kreisen nicht gern gesehen wird

In letzter Zeit konnte man eine interessante, aber möglicherweise unheilvolle Entwicklung konstatieren: Einige Staaten haben per Dekret untersagt, daß Hypnose von anderen Personen als von Ärzten, Psychiatern und Psychologen angewandt werden darf.

Dies wirft eine ganze Anzahl äußerst spannender Fragen auf, über die nicht jeder zu diskutieren bereit ist. Könnte es sein, daß Arzneimittelfirmen die Ausbreitung von Hypnotherapie unterbinden wollen? Diese Firmen unterstützen natürlich die herkömmliche Schulmedizin, da es nun einmal die Ärzte sind, die ihre Produkte verschreiben und empfehlen. Hypnotherapeuten dagegen können die Einnahme von Medikamenten überflüssig machen. Das ist kein irrationaler oder zynischer Standpunkt. Die großen Pharmagesellschaften haben ein handfestes Interesse daran, die Zahl der praktizierenden Hypnotherapeuten zu begrenzen, und sind sicherlich reich und mächtig genug, um politischen Einfluß auszuüben.

Der gegenwärtige Trend, der insbesondere in den Vereinigten Staaten dahin geht, qualifizierte Hypnotherapeuten an der Ausübung zu hindern, hat etwas Scheinheiliges; diese verantwortungsbewußten Therapeuten helfen ihren Patienten, positive Veränderungen herbeizuführen, indem sie ihnen beibringen, ihre eigenen Gedankengänge besser zu kontrollieren. Es hat den Anschein, als wendeten staatliche Behörden, Medien und gewisse religiöse Organisationen ihre eigene Form der Hypnose an, um Menschen zu manipulieren. Natürlich kämen sie nie auf den Gedanken, das Hypnose zu nennen.

Wenn viele Leute beginnen, Macht über ihr eigenes Leben zu gewinnen und die Verantwortung für ihre Gesundheit und ihr Wohlergehen zu übernehmen, entsteht etwas ähnliches wie das, was Soziologen als »kritische Masse« bezeichnen. Dann muß sich das gesamte gesellschaftliche System – das nur deshalb funktioniert, weil sich seine Mitglieder kontrollieren lassen – in beträchtlichem Maße ändern. Es gibt zu viele wohlbegründete Interessen, zu viel steht auf dem Spiel, als daß die bestimmenden

Kräfte der Gesellschaft solche Entwicklungen hinnehmen würden, ohne schärftens dagegen anzukämpfen. Und es hat den Anschein, als sei die Hypnose im Laufe der langen, turbulenten Zivilisationsgeschichte diesen traditionellen Machtträgern in der Gesellschaft ein Dorn im Auge gewesen.

Neuere Entwicklungen

Ein Bewußtseinswandel führt zu einer größeren Anerkennung der Hypnose

Heutzutage ist die Hypnose in weiten Kreisen anerkannt, sowohl in der Ärzteschaft als auch in der Öffentlichkeit. Doch stellte sich diese Akzeptanz – wie Sie gesehen haben – erst nach langer Zeit ein.

In den späten achtziger Jahren führte die Medizinische Universität Stanford eine Studie durch, in der die Hypnose zur Schmerzlinderung eingesetzt wurde. Die *New York Times* brachte einen Bericht darüber, in dem es hieß, daß Hypnose die Schmerzwahrnehmung durch das Gehirn unterdrücken könne und daß man ihre Anwendung ernsthaft für den klinischen Gebrauch erwäge. Endlich war die Ärzteschaft soweit; sie hatte etwas entdeckt, was Hypnotherapeuten bereits seit Jahrhunderten praktizierten!

Auch andere Berufsgruppen haben den Nutzen der Hypnose erkannt. In einigen Bundesstaaten Amerikas arbeitet die Polizei mit forensischer Hypnose. Doch ist bei dieser Art von Anwendung höchste Vorsicht geboten, denn man merkte bald, daß Erinnerungen, die im Zustand der Hypnose ins Gedächtnis gerufen werden, imaginär sein oder sogar auf reinen Suggestionen des Therapeuten beruhen können.

Im Sport wird die Hypnose zur Leistungssteigerung angewandt; man hat endlich erkannt, daß jeder große Golf- oder Tennisspieler und auch jeder Einzelathlet gegenüber seinem Gegner im Vorteil ist, wenn er seinen Geist darauf trainiert hat, ihn positiv bei den körperlichen Leistungen zu unterstützen.

Da Relevanz und Bedeutung der Hypnose nun im allgemeinen nicht mehr angefochten werden, haben eine ganze Reihe Leute sich bemüht, den guten Ruf der Hypnose zu bewahren und ihrem Mißbrauch vorzubeugen. In den letzten Jahren erfreuen sich artistische Hypnosevorführungen in England zunehmend großer Beliebtheit, obwohl sie in manchen Ländern noch immer verboten sind. Da die breite Öffentlichkeit den Gehorsam der mitwirkenden Freiwilligen oft mißversteht und da viele befürchten, ein solcher Hypnosevorführer könne ihren Geist beherrschen, haben diese Shows den Beruf des Hypnotherapeuten in Mißkredit gebracht. Doch haben sich die wichtigsten Verbände der professionellen Hypnosevorführer in England vor kurzem zusammengetan und eine neue Organisation gebildet, um die verantwortungsbewußte Durchführung der Hypnoseshows zu gewährleisten und strengere Richtlinien auszuarbeiten. Obwohl wir Hypnosevorführungen nicht ausschließlich gutheißen, kennen wir zumindest einen amerikanischen Hypnosevorführer, Ormond McGill, dem wir – sei es in Hypnose oder nicht – unser Leben anvertrauen würden.

Gegenwärtig finden in Europa Verhandlungen zwischen Dachorganisationen (wie dem *Institute of Complementary Medicine* und der *British Complementary Medicine Association*) und staatlichen Stellen statt, die dazu führen sollen, daß man sich irgendwann in der Zukunft einmal auf festgesetzte Verfahrensweisen und Ausbildungsrichtlinien einigen wird. Wenn das geschehen ist, wird die berufliche Hypnotherapie die Glaubwürdigkeit und Achtung genießen, die sie zwar in reichem Maße verdient, die man ihr in den vergangenen zwei Jahrhunderten jedoch nicht zugestanden hat.

Die Folgewirkungen

Der vielfache Nutzen der Hypnose

Gegenwärtig ist man sehr aufgeschlossen gegenüber ganzheitlichen, medikamentenfreien Therapien, die die Schulmedizin ergänzen, und setzt die Hypnotherapie bei der Behandlung unterschiedlicher Probleme erfolgreich ein. Viele Menschen wissen, daß die Hypnotherapie bei Phobien, Gewichtsreduktion und beim Aufgeben des Rauchens hilft. Doch ein Ziel dieses Buches ist es, Bereiche hervorzuheben, in denen ebenso erfolgreich behandelt wird, die man jedoch nicht sofort mit dem Wort Hypnotherapie verknüpft. War Ihnen beispielsweise bekannt, daß die meisten körperlichen Probleme durch die Anwendung hypnotischer Techniken rasch gelindert werden können? Das schließt sowohl solche körperlichen Erkrankungen ein, die eine psychologische Komponente haben (was unserer Erfahrung nach auf die meisten zutrifft), als auch die, die rein körperlicher Natur sind – gebrochene Knochen, Bänderrisse und ähnliches.

Wenn wir besser verstehen, wie unser Unterbewußtsein funktioniert, sind wir auch imstande, die natürlichen Selbstheilungskräfte auf die Körperteile zu lenken, die sie nötig haben. Amüsiert stellen wir in Gesprächen mit Patienten immer wieder fest, daß viele glauben, im Falle eines Knochenbruchs wären es die Ärzte, die die Knochen wieder heilten. Es scheint ihnen nie aufzufallen, daß man im Krankenhaus nichts anderes tut, als die Knochen wieder in die richtige Position zu bringen. Tatsächlich ist es jedoch unser Unterbewußtsein, das den Prozeß des Zusammenwachsens einleitet und – was noch wichtiger ist – ihn nach getaner Arbeit auch wieder beendet.

Wenn wir mit Patienten darüber sprechen, wie der Geist den Körper beeinflußt, akzeptieren sie ohne weiteres die Tatsache, daß es psychosomatische Krankheiten gibt, scheinen aber nur schwer die Vorstellung einer psychosomatischen Gesundheit akzeptieren zu können. Vielleicht sind sie in ihrem Alltagstrott festgefahren und Sklaven ihres Geistes und begreifen nicht, daß ihr Geist dazu da ist, um ihnen zu dienen. Ist es nicht ein Jammer, daß die meisten Menschen durchs Leben gehen, ohne das zu wissen, und infolgedessen auch nie gelernt haben, wie man Verantwortung und Kontrolle übernehmen kann?

Dieser Mangel an Einsicht führt dazu, daß viele Patienten erst dann wegen außergewöhnlicher Beschwerden zu uns kommen und sich Heilung von der Hypnotherapie versprechen, wenn sie sich in einem Zustand absoluter Verzweiflung befinden. Kommen sie dagegen mit einem harmloseren Problem, weist der Hypnotherapeut sie oft darauf hin, daß auch andere Probleme während der Therapie mitbehandelt werden können.

Ein sehr interessanter Fall war ein Patient, der uns wegen seiner arthritischen Hüfte aufsuchte. Während der ersten Konsultation kam heraus, daß er außerdem Legastheniker war. Mike, der sechsundvierzigjährige Lehrer für asiatische Kampfsportarten, hatte mit der Zeit ein paar hervorragende Techniken entwickelt, um seine Schwierigkeiten mit dem Lesen zu überwinden. Einzig mit Zahlen tat er sich noch schwer; Telefonnummern stellten ein echtes Problem für ihn dar. Er konnte immer nur drei Zahlen auf einmal wählen und verbrachte viel Zeit damit, sich jede aus drei Ziffern bestehende Zahlengruppe einzuprägen; wenn er schließlich imstande war, die zweite Zahlengruppe zu wählen, war die Telefonleitung oft schon wieder unterbrochen. Er erzählte uns, daß er einmal versucht hatte, eine nahegelegene Stadt anzuwählen und statt dessen jemanden aus Neuseeland am Apparat hatte! Seine Telefongesellschaft wird sich – wegen der hohen Kosten – darüber gefreut haben, doch für Mike war das alles andere als erfreulich!

Als wir ganz nebenbei erwähnten, daß wir im Laufe der Sitzung, in der wir an seiner Hüfte arbeiten wollten, vielleicht auch etwas für seine Legasthenie tun könnten, schaute Mike uns an, als seien *wir* die Therapiebedürftigen. Nachdem wir ungefähr zehn Minuten lang an seiner Legasthenie gearbeitet hatten, schrieben wir eine Telefonnummer auf einen Zettel und baten ihn, in den Empfangsraum zu gehen und sie zu wählen. Er tat, wie ihm befohlen, und seither hatte er nie wieder Schwierigkeiten, Nummern zu wählen oder Bücher zu lesen. Und auch seiner Hüfte geht's prächtig!

So stark ist die Kraft des Geistes. Als Mike anfing, Kontrolle über seinen Geist zu gewinnen, veränderte dies sein Leben nachhaltig. Und das Gute daran ist, daß Mike keineswegs ein Einzelfall ist. Solche Vorgänge geschehen heimlich und leise, tagaus und tagein. Obwohl die Schulmedizin nur ungern die große Bandbreite der Veränderungen anerkennt, die durch Hypnose möglich werden, kann sie ihre guten Ergebnisse nicht leugnen.

Meinungen berühmter Hypnotherapeuten

Zitate, die Befürchtungen und Zweifel zerstreuen

Für uns liegt der Nutzen der Hypnotherapie auf der Hand, aber vielleicht haben Sie doch noch ein paar Zweifel. Ehe Sie weiterlesen, hier die ermutigenden Kommentare einiger Fachleute.

»Tausende haben die Selbsthypnose gelernt, und bis zum heutigen Tage ist mir nichts Nachteiliges über ihre Anwendung zu Ohren gekommen.«

Leslie LeCron

Psychologe und Hypnoseexperte

»Platinow, ein Mitarbeiter von Pawlow, der mehr als fünfzig Jahre lang in mehr als fünfzigtausend Fällen die Hypnose anwandte, berichtete: ›Wir haben nie irgendeinen schädlichen Einfluß auf die Patienten beobachtet, der den Methoden der Hypnotherapie zuzuschreiben wäre, ebensowenig Tendenzen zur Herausbildung von Persönlichkeitszügen, die auf Labilität, Willensschwäche oder krankhafte Abhängigkeit von Hypnose schließen lassen würden.‹«

Dr. William S. Kroger

Autor von *Clinical & Experimental Hypnosis*

»Die angeblichen Gefahren, die von der Hypnose ausgehen sollen, sind reine Spekulation. Obwohl ich viele hundert Patienten hypnotisiert habe, habe ich keinerlei negative Folgen festgestellt, die sich aus der Anwendung ergeben hätten.«

Dr. Julius Grinker

»Hypnose ist völlig gefahrlos. Es gibt keinen aktenkundigen Fall, der auf schädliche Folgen ihrer therapeutischen Anwendung zurückzuführen wäre.«

Rafael Rhodes
Psychologe und Autor des Buches *Therapy Through Hypnosis*

»In den mehr als siebenunddreißig Jahren meiner Praxis und in den zehn Jahren, in denen ich Hypnotherapie lehre, bin ich zu dem Schluß gekommen, daß die Furcht vor der Hypnose von denen ausgeht, die kein wirkliches Verständnis dafür haben, was Hypnose eigentlich ist, noch offen genug sind, um dieses wunderbare Geschenk an die Menschheit anzunehmen und zu erforschen.«

Bill Atkinson-Ball
Gründer des Atkinson-Ball College of
Hypnotherapy and HypnoHealing

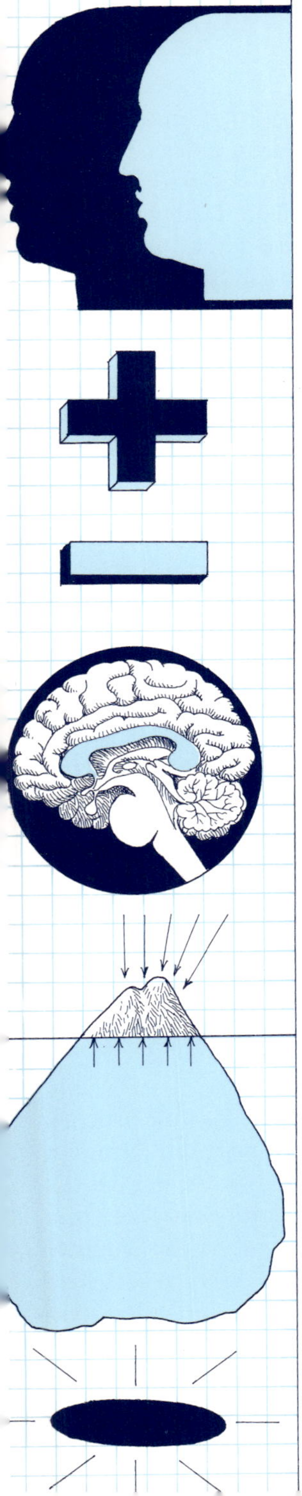

Drittes Kapitel

Lernen Sie verstehen, was in Ihrem Kopf vorgeht

Nur wenige Dinge sind so faszinierend wie das, was in unserem Kopf vor sich geht. Die Gehirnstruktur ist ungeheuer komplex, und es ist wahrhaft erstaunlich, wie viele Funktionen dieses farblose, schwammige Organ hat. Vielleicht finden Sie einige der folgenden Informationen über das, was in Ihnen vorgeht, aufschlußreich und anregend.

Das Gehirn selbst ähnelt einem Computer. Es wiegt etwa 1,4 Kilogramm und enthält etwa 30 Milliarden Nervenzellen (Neuronen). Nervenzellen sind vergleichbar mit den Schaltstellen eines Computers; jede Zelle ist eine Bündelung von Molekülen, die zusammenwirken, um Daten zu verarbeiten. Allein schon die riesige Anzahl der Nervenzellen im Gehirn vermittelt Ihnen eine Vorstellung von dem Potential Ihrer Geistes- oder Gehirnkraft. Interessanterweise deuten neue Forschungsansätze in der Biochemie, die sich mit dem Austausch zwischen Körper und Gehirn beschäftigen, darauf hin, daß die Körperorgane chemisch genauso reagieren können wie das Gehirn beim Vorgang des Nachdenkens; daraus folgt die logische Annahme, daß der *ganze* Körper zum Prozeß der Gedankenbildung beiträgt, nicht nur das Gehirn.

Doch werden diese Theorien nicht von allen geteilt; ein Neurochirurg wird immer den Standpunkt vertreten, daß es ohne Gehirn keinen Geist gibt. Forschungen von Neurologen und Neurochirurgen haben ergeben, daß das Unterbewußtsein in drei verschiedenen Bereichen des Gehirns angesiedelt ist. Es sind dies:

- der Temporallappen oder Schläfenlappen der Großhirnrinde, der sich nahe der Schläfe befindet. Er ist der Sitz des Gedächtnisses. Chirurgen haben dies bewiesen, indem sie durch Stimulierung der Nervenzellen in diesem Bereich bei ihren Versuchspersonen Erinnerungen weckten. Die Reizung verschiedener Nervenzellen führt dazu, daß sich der Betreffende auch unterschiedliche Erinnerungen ins Gedächtnis zurückruft;

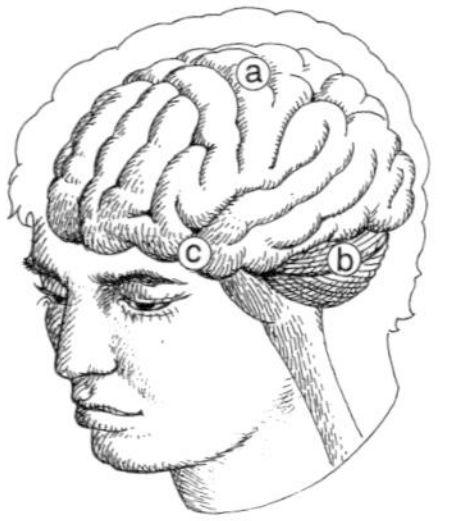

Großhirnrinde (a), Kleinhirn (b) und Hypothalamus (c)

• das Kleinhirn, das sich hinter dem Stammhirn befindet. Es ist der Sitz der Regulationszentren für die Erhaltung des Gleichgewichts und für die Bewegungskoordination der willkürlichen Muskeln; das sind jene, die man fürs Krabbeln, Laufen, Schnürsenkel-Zubinden und so weiter zu gebrauchen lernt. Neurologen haben herausgefunden, daß diese Bewegungsabläufe nach einer Verletzung des Kleinhirns ruckartig und unkoordiniert wirken;

• der Hypothalamus, der sich im Zentrum des Gehirns, ein Stück oberhalb der Hirnanhangdrüse befindet. Er kontrolliert den größten Teil des Unterbewußtseins und ist der Sitz des autonomen Nervensystems, das die Drüsen und alle unwillkürlichen Vorgänge (Wärmeregulation, Wach- und Schlafrhythmus, Blutdruck- und Atmungsregulation und so weiter) koordiniert. Der Hypothalamus steuert einen Großteil der unterbewußten Aktivitäten, denn er wird durch unsere Emotionen angeregt.

Die Funktionen des Unterbewußtseins

Wie Hypnose die Tätigkeit des Unterbewußtseins beeinflussen kann

Schon oft ist behauptet worden, wir alle nutzten nur einen kleinen Prozentsatz unseres Verstandes. Da ist es nicht weiter erstaunlich, daß man das Gehirn zuweilen schon mit einem »geistigen Eisberg« verglichen hat, bei dem ein großer Teil seiner Aktivitäten unter der (rational faßbaren) Oberfläche stattfindet und so viele seiner Kapazitäten ungenutzt bleiben. Eine Rolle unseres Unterbewußtseins besteht darin, hinsichtlich unserer Gewohnheiten als »Gehilfe« zu fungieren. Wir lernen als Kind laufen, mit Messer und Gabel essen, radfahren und so weiter. Diese Gewohnheiten werden zu Verhaltensmustern; wir vergessen sie nie mehr und führen sie mechanisch aus. Aber welches sind die weniger augenfälligen Tätigkeiten des Unterbewußtseins, und wie kann Hypnose da zum Tragen kommen?

• Das Unterbewußtsein kontrolliert sämtliche unwillkürlichen Funktionen unseres Körpers, wie die Verdauung, die Atmung, die Herzfrequenz, die Körpertemperatur und so weiter. All das geschieht natürlich, ohne daß wir bewußt darüber nachdenken. Heutzutage wird allgemein nicht mehr bestritten, daß Ängste, Streß und Spannungen diese Funktionen negativ beeinflussen können; diese unerwünschten Wirkungen sind unter dem Namen »psychosomatische Beschwerden« bekannt. Daher ist es

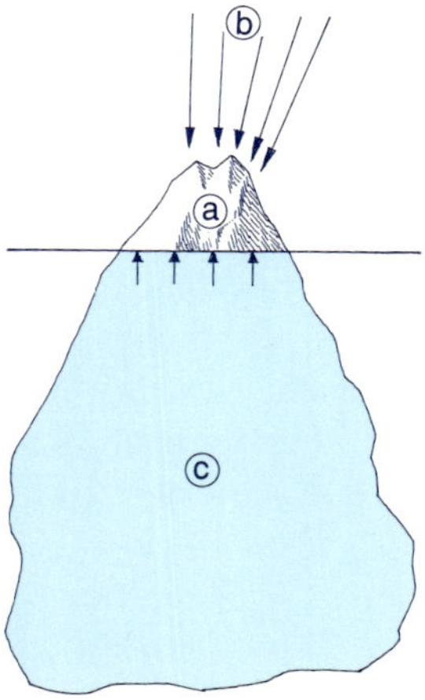

Der »geistige Eisberg«: Das Bewußtsein (a), das äußerliche Reize (b) erhält, macht nur einen kleinen Teil des Gehirns aus. Das Unterbewußtsein (c) stellt den Hauptteil des Gehirns dar und hält vergangene Erlebnisse fest.

nur logisch, daß die Hypnose, die sich ja direkt an das Unterbewußtsein wendet, hier eine günstige Auswirkung haben kann.

- Das Unterbewußtsein kann als unser eigener PC, unsere Datenbank betrachtet werden. Es speichert alles, was wir gesehen, gehört, getan und erlebt haben. Nichts wird je daraus gelöscht, es sei denn, das Gehirn wurde in irgendeiner Weise verletzt. Mittels Hypnose können Erinnerungen ins Gedächtnis zurückgerufen werden, doch zur Warnung sei gesagt: Vergessen Sie nicht, daß manche Erinnerungen zu unserem eigenen Schutz im Unterbewußtsein »vergraben« worden sind.

- Alle unsere Emotionen sind im Unterbewußtsein enthalten, und eine der Regeln, die den Geist betreffen lautet: Gewöhnlich ist das Gefühl stärker als der Verstand. Daher glauben wir, daß wir unserem Unterbewußtsein so lange ausgeliefert sind, bis wir dank Hypnose gelernt haben, es zu kontrollieren.

- Das Unterbewußtsein ermöglicht uns, unsere Phantasie zu gebrauchen. Wenn Sie es recht bedenken, so beruhen Sorgen einzig und allein auf einer negativen gedanklichen Vorstellung. Mittels Hypnose kann ein Mensch seine Vorstellungskraft dafür nutzen, daß er sich vor Augen hält, wie gut die Dinge sein könnten anstatt wie schlecht.

- Unser Unterbewußtsein gibt uns Antrieb; es steuert die körperliche und emotionale Energie, die wir durch Essen zu uns nehmen. Wenn Sie sich zum Beispiel entschließen, mit dem Rauchen aufzuhören, ist Ihr Bewußtsein für diesen Entschluß verantwortlich. Wenn das Bewußtsein nicht die Energie freisetzt, die es möglich macht, werden Sie wahrscheinlich entweder wieder anfangen zu rauchen oder eine Ersatzbefriedigung wie Essen und Trinken brauchen. Mit Hilfe der Hypnose kann das Bewußtsein die Energie in eine positive Richtung lenken, was uns hilft, unsere gesteckten Ziele zu erreichen.

Die Macht des Unterbewußtseins

Jede Tätigkeit, die wir in Angriff nehmen, ist zunächst einmal von unseren Gedanken bestimmt; ändern wir also unsere Gedanken, können wir auch unser Verhalten ändern. Das Unter-

Wie Gedanken unser Handeln beherrschen

bewußtsein ist Veränderungen abgeneigt, doch in Hypnose kann es dazu überredet werden, wenn es begreift, daß sie vorteilhaft sind.

Die Stärke des Geistes wurde auf sehr wirkungsvolle Weise von Anthony Robbins demonstriert, der in der ganzen Welt Seminare hält, über das, was er »persönliche Macht« nennt. Um die Macht des Geistes zu veranschaulichen, ließ Robbins schon Seminarteilnehmer über glühende Kohlen gehen, *ohne* daß die sich dabei die Füße verbrannten. Die meisten Menschen würden behaupten, dies sei physisch nicht möglich, doch mit der Kraft des Geistes ist nichts unmöglich.

Napoleon Hill, der das Buch *Think and Grow Rich* (dtsch. Übersetzung: *Denke nach und werde reich,* 1995) schrieb, sagte: »Was der Geist sich vorstellen kann, kann er auch erreichen«, und ganz unbestreitbar wissen alle Menschen, die in ihrem Leben Erfolg haben, um die Macht ihres eigenen Geistes. Menschen, die versagen, verbringen die meiste Zeit ihres Lebens damit, Hilfe von anderen Leuten zu erwarten, anstatt auf sich selbst zu zählen.

Sobald wir durch Hypnose mit unserem Unterbewußtsein kommunizieren können, beginnen wir zu erkennen, daß alle Lösungen in uns selbst sind. Die Idee, derzufolge alle Fähigkeiten, die wir benötigen, schon in uns stecken, sollten wir uns zunutze machen.

Was auch immer Sie im Leben wollen – es ist wichtig, es wirklich zu wissen und ein Ziel vor Augen zu haben. Gedanken haben einen Bumerangeffekt. Wenn wir negative Gedanken haben, schaffen wir die Voraussetzung dafür, daß uns negative Dinge zustoßen. Wenn wir uns dagegen positive Dinge vorstellen, ziehen wir Positives an. Je stärker und intensiver ein Gedanke ist, desto stärker wird seine Wirkung sein.

Phantasie

Wie Vorstellungen unser Denken und Verhalten ändern

Phantasie ist eine der mächtigsten geistigen Fähigkeiten, die wir Menschen besitzen, und sie kann positiv wie negativ sein.

Unsere Phantasie hängt eng zusammen mit unserem Selbstbild, das sich auf vergangene Erfahrungen gründet. Wenn wir uns »festgefahren« fühlen oder keine Möglichkeit »sehen«, aus unserer Lage herauszukommen, dann erschöpft sich die ganze Kraft unserer Phantasie in Worten wie »was wäre, wenn« und »wenn doch nur«. Wir entwerfen unsere eigene Zukunft in einer sehr negativen Art und Weise und programmieren uns schon auf zukünftige Probleme, Unzufriedenheit und generelle Gefühle des Unausgefülltseins. In Hypnose ist es möglich, den Zugang zu neuen Wegen des positiven Denkens zu finden.

Wenn wir unseren Geist kontrollieren und dazu bringen können, positiv zu denken, ermöglichen wir uns auch, das zu erreichen, was wir wollen. Wie oft sagen wir uns: *»Ich kann mir einfach nicht vorstellen, daß ich das schaffe.«* Wenn wir jedoch ganz genau vor Augen haben, wie wir etwas tun wollen, haben wir unser Ziel bereits zur Hälfte erreicht.

Psychologen und Hypnotherapeuten wissen sehr wohl, daß die Phantasie sehr viel stärker ist als der Verstand. Das ist nicht weiter erstaunlich, da die Phantasie aus dem Unterbewußten kommt, welches den Hauptteil des Geistes ausmacht, wohingegen der Verstand aus dem kleineren, bewußten Teil kommt. Wenn wir mit Hilfe der positiven Vorstellungskraft Kontrolle über unser Unterbewußtsein erlangen, rückt die Möglichkeit auf Erfolg in greifbare Nähe.

Durch unsere Vorstellungskraft haben wir die Macht, eine Wahl zu treffen. Das ist ähnlich wie mit der Elektrizität: Wir können uns mit ihrer Hilfe wärmen, aber – bei falscher Anwendung – auch durch einen Stromschlag getötet werden. So kann die Phantasie unsere Stimmung heben oder uns das Leben vergällen. In Hypnose kann das Bewußtsein, das so oft als Hemmschuh wirkt, umgangen und ein Zugang zum Unterbewußtsein geschaffen werden, um einem positiveren Denken Raum zu geben. Hypnose kann buchstäblich unsere Verfassung ändern. Wieviel motivierender ist es, sich zu sagen *»Ich kann und ich will«* als *»Ich kann nicht«*.

Der innere Dialog

Macht und Wirkung der Worte

Das Unterbewußtsein ist erstaunlich genau. Wenn wir zum Beispiel ständig denken, jemand »sitze uns im Nacken«, ist es gut möglich, daß sich diese Feststellung bald körperlich niederschlägt. Auch Redensarten wie »Das schlägt mir auf den Magen« oder »Er geht mir auf die Nerven« können ähnlich nachteilige Wirkungen auf den Körper haben, wenn man zuläßt, daß sie für längere Zeit zu einem Teil unseres inneren Dialogs werden. Sie werden dann tatsächlich zu einer unterbewußten Überzeugung.

Das mag lächerlich klingen. Doch wir wollen Ihnen ein Beispiel dafür geben: Eine Patientin kam in unsere Praxis, deren Kopf krampfhaft schief und seitwärts gedreht war. Sie hatte einen »Torticollis spasticus« (im Volksmund »spastischer Schiefhals« genannt). Durch Hypnose fanden wir heraus, daß ihr Ehemann eine Affäre mit einer anderen Frau gehabt hatte und ihr unablässig der Satz *»Ich kann all dem einfach nicht ins Auge sehen«* durch den Kopf gegangen war.

Ein vielleicht noch drastischeres Beispiel war der Fall einer jungen Frau in Amerika, über den viel berichtet worden ist. Sie war ins Koma gefallen und mehrere Jahre nicht daraus erwacht. Die Geschichte geriet in die Schlagzeilen, weil ihre Eltern die lebenserhaltenden Maschinen, an die ihre Tochter angeschlossen war, abstellen wollten und eine große Kontroverse darüber entstand, ob man das tun sollte oder nicht. In dieser dramatischen Diskussion wurde ihr Tagebuch gelesen; und es fand sich ein Satz, den sie einen Tag, bevor sie ins Koma gefallen war, eingetragen hatte: »Ich wünschte, ich könnte einschlafen und müßte nie mehr aufwachen.«

Offenbar sollten wir also sehr vorsichtig mit der Art und Weise, wie wir denken, umgehen; wir können gar nicht genug hervorheben, was für eine starke Wirkung negative Gedanken auf die Gesundheit und das Wohlergehen eines Menschen haben können. Es ist von elementarer Wichtigkeit, daß wir erkennen, wie wesentlich es ist, unseren inneren Dialog zu kontrollieren, und uns auch der Untrennbarkeit von Körper und Geist bewußt sind.

Der berühmte französische Psychologe Emile Coué erkannte dies schon zu Beginn unseres Jahrhunderts. Er riet all seinen Patienten, sich täglich mindestens sechsmal den Satz: »Es geht mir jeden Tag besser« vorzusagen.

Geben wir konsequent positive Mitteilungen an unser Unterbewußtsein (selbst dann, wenn unser Bewußtsein sie zunächst einmal nicht akzeptiert), wird es sich früher oder später danach richten. Durch Wiederholen lernten wir als Kinder viele Dinge, und es gibt keinen Grund, warum das im Erwachsenenalter nicht ebenso sein sollte.

Doch ist es sehr schwierig, plötzlich positiv denken zu wollen, wenn man sein ganzes Leben lang gewohnt war, negativ zu denken. Hier kann Hypnose eine wichtige Rolle spielen, denn mit ihrer Hilfe kann das Unterbewußtsein direkt angesprochen und neu programmiert werden, ohne daß sich das Bewußtsein in negativer Weise einmischen könnte.

Allein schon zu verstehen, wie unser Geist arbeitet und wie groß die Macht des inneren Dialogs ist, kommt für die meisten Menschen einer Erleuchtung gleich. Sie kann der entscheidende Auslöser sein, wieder körperliches Wohlergehen zu erreichen, denn wir sind der Meinung, daß letztlich mehr als neunzig Prozent aller Krankheiten psychosomatischen Ursprungs sind.

Sieg des Geistes über die Materie

Der Plazeboeffekt

Schätzungen zufolge reagieren mindestens dreißig Prozent aller Patienten positiv auf Plazebos. Und sie werden nicht nur zur Schmerzlinderung eingesetzt, sondern auch bei so schweren Leiden wie Herzkrankheiten und Krebs. Wenn ein Plazebo wirkt, bedeutet dies, daß ein Mensch tatsächlich glaubt, es gehe ihm besser, woraufhin der Körper die notwendigen chemischen Substanzen erzeugt, die den Zustand lindern.

Plazebos wurden zuweilen im Ersten Weltkrieg benutzt, wenn die Morphiumbestände zur Neige gingen und verletzten Soldaten deshalb Wasserinjektionen verabreicht wurden. Man sagte ihnen, es handle sich dabei um ein neues Medikament, das zehnmal stärker wirke als Morphin. Und tatsächlich verspürten viele Soldaten darauf keinerlei Schmerzen mehr.

Vor einigen Jahren versuchte das *British Medical Research Council* herauszufinden, ob Plazebos Bluthochdruck verbeugen könnten. Man gab einer Versuchsteilnehmerin ein Plazebo, das sie fünf Jahre lang einnahm. Ihr Blutdruck sank und blieb während der ganzen Zeit auf einem gesunden Niveau. Am Ende des Versuchs setzte sie das Plazebo ab, worauf ihr Blutdruck wieder anstieg. Das Ende der Geschichte war, daß die Ärzte ihr ein echtes Medikament gegen hohen Blutdruck gaben! Warum verabreichten sie ihr nicht wieder das Plazebo?

Sogar die Farbe eines Plazebos ist wichtig. In einem Bericht des *British Medical Journal* stand zu lesen, daß rote Plazebos sich am allerbesten für die Schmerzlinderung eigneten.

Der Plazeboeffekt veranschaulicht sehr gut, welche Wirkung der Geist auf den Körper haben kann und wie das Unterbewußtsein imstande ist, seine eigenen natürlichen Selbstheilungsenergien zu erzeugen.

In den vergangenen Jahren haben Chirurgen angefangen zu begreifen, daß Patienten in Vollnarkose unterbewußt alles registrieren, was in ihrer Gegenwart gesagt wird. Den Beobachtungen der Ärzte zufolge treten bei einem Patienten – wenn während des Eingriffs positive Bemerkungen zu seiner gesundheitlichen Verfassung gemacht werden – mit großer Wahrscheinlichkeit weniger postoperative Komplikationen auf; auch benötigt er danach weniger schmerzstillende Medikamente.

Jetzt, da Sie eine Vorstellung von der Macht Ihres Geistes haben, fangen Sie vielleicht an zu verstehen, *warum* Sie manche Dinge tun, die Sie tun. Mit diesem grundlegenden Wissen wird es Ihnen leichter fallen, die nächsten Schritte zur Erforschung der Hypnose zu unternehmen.

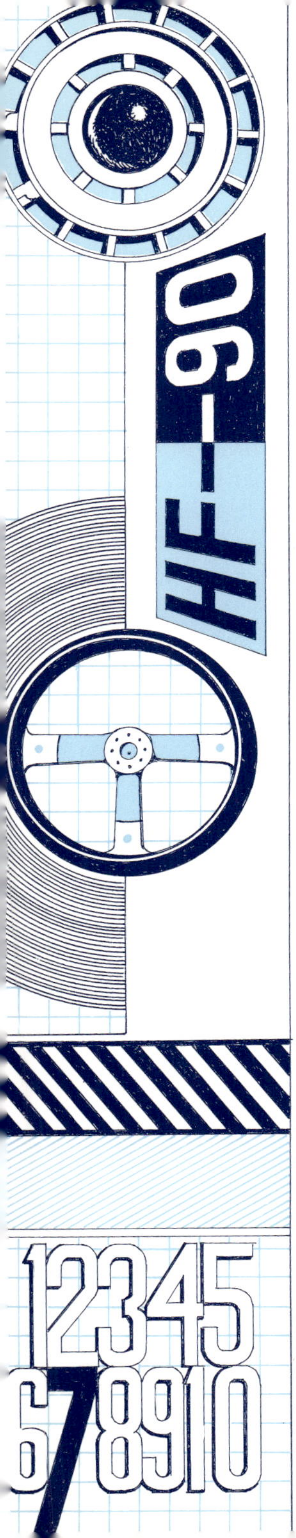

Viertes Kapitel

Erste praktische Schritte

Sie haben nun das Rüstzeug, um auf eine Reise zu gehen, die der Entdeckung, der Weiterbildung, ja sogar der Erleuchtung dienen wird. Sie haben einen langen Weg zurückgelegt; Sie haben das jetzige Stadium erreicht, nicht nur weil Sie Interesse an der Hypnose an den Tag gelegt, sondern auch die Bereitschaft zum Experimentieren gezeigt haben. Und genau diese Bereitschaft macht es sehr wahrscheinlich, daß Ihre Hypnose den gewünschten Erfolg bringen wird. Sie sind jetzt fast schon soweit, daß Sie die Kassette nutzen können, die zu diesem Buch gehört.

Eine Tatsache wollen wir an dieser Stelle noch einmal wiederholen: Gegen Ihren eigenen Willen können Sie nicht hypnotisiert werden. Denken Sie daran, daß Sie in Hypnose die Kontrolle behalten – schon in der Einführung haben wir Sie in unserem Vergleich mit dem fahrerlosen Auto darauf hingewiesen.

- SIE schalten die Zündung an, das heißt, Sie treten in Kontakt mit Ihrem Unterbewußtsein.
- SIE steuern den Wagen, das heißt, Sie geben Ihrem Unterbewußtsein Suggestionen.
- SIE können jetzt beschleunigen, das heißt, Sie programmieren Ihr Unterbewußtsein auf »persönliche Entwicklung«.
- SIE können aber auch bremsen, das heißt, Sie gehen aus dem Hypnosezustand heraus.
- Ganz gleich, wofür Sie sich entscheiden: SIE sind der Fahrer das heißt, Sie kontrollieren Ihr Unterbewußtsein.

Ehe Sie die Kassette anhören, sollten Sie Ihr Bewußtsein beruhigen, indem Sie die folgenden Punkte durchgehen.

- Sie sind schon viele Male in Ihrem Leben in Hypnose gewesen. Vielleicht haben Sie Ihren Zustand nicht als Hypnose erkannt – vielleicht haben Sie ihn für einen Tagtraum oder eine Meditation gehalten, doch war er in Wirklichkeit Hypnose. Mit anderen Worten: Jedesmal, wenn Sie etwas tun, ohne ganz bewußt mit den Gedanken dabeizusein, befinden Sie sich in einer Art Hypnosezustand.

• Es besteht keine Gefahr, daß Sie in der Hypnose »steckenbleiben«, während Sie das Band anhören. Sie können sich jederzeit selbst aufwecken, sofern Sie das wünschen. Wenn beispielsweise das Telefon klingelt oder jemand Sie anspricht, so haben Sie nicht das Gefühl, desorientiert zu sein. Sie können die Augen aufschlagen und sind sofort hellwach.

• Das Band ist speziell auf eine optimale Wirkung angelegt. Seite A ist eine herkömmliche Induktion; Seite B ist eine andere Art der Induktion, die dazu bestimmt ist, die Wirkung von Seite A zu verstärken. Obwohl Seite B Ihnen einen anderen Weg bietet, auf dem Sie den Hypnosezustand erreichen können, ist es wichtig, zuerst Seite A anzuhören (das Gegenteil würde wenig Sinn machen). Sobald Ihnen beide Seiten vertraut sind, können Sie wählen, welche Seite Sie öfter anhören. Beide Seiten des Bandes sind dazu bestimmt, die Aufmerksamkeit des Unterbewußtseins etwa fünfundzwanzig Minuten lang zu fesseln. Aufgrund ihrer jahrelangen Forschertätigkeit halten die Autoren dies für die ideale Zeitspanne für eine Hypnose.

• Und das Wichtigste: Vergessen Sie nie, daß Sie die Kontrolle haben. Zu keiner Zeit geben Sie Ihren freien Willen auf; Sie werden weder bewußtlos noch verlieren Sie Ihr Gedächtnis.

Gebote und Verbote

• Setzen Sie sich in einen bequemen Sessel und entspannen Sie sich mit Hilfe der Kassette.
• Planen Sie jeden Tag etwas Zeit ein, in der Sie regelmäßig das Band spielen. Zweimal pro Tag ist ideal.
• Genießen Sie das Band; Sie sollten es eher auf sich wirken lassen, als versuchen zu erzwingen, daß etwas geschieht.
• **Spielen Sie das Band nie, wenn Sie Auto fahren, eine Maschine bedienen oder sonst etwas tun, was Ihre Aufmerksamkeit oder Ihre motorischen Fähigkeiten erfordert.**
• Ärgern Sie sich nicht, wenn Sie dabei einschlafen oder wenn Ihre Gedanken umherwandern, während Sie das Band hören. Wenn Sie sich hinterher nicht mehr erinnern können, was Sie gehört haben, so macht das gar nichts. Ihr Unterbewußtsein wird dennoch die nützlichen Suggestionen aufgenommen haben und in der Lage sein, ihnen zu folgen.

So werden Sie sich fühlen

• Wenn Sie noch nie zuvor ein Hypnoseband angehört haben, kann es sein, daß Sie mißtrauisch, skeptisch, ängstlich oder schlicht neugierig sind, ehe Sie es anschalten.

• Während Sie das Band hören, fühlen Sie sich möglicherweise angenehm entspannt und schläfrig oder sind – wiederum – neugierig.

• Nachdem Sie das Band angehört haben, sollten Sie sich vollkommen entspannt fühlen und erleichtert darüber sein, daß Sie endlich etwas gefunden haben, von dem Sie wissen, daß es Ihnen helfen kann.

Vorbereitung

Wichtig ist Bequemlichkeit

Alles, was Sie tun müssen, ist, einen bequemen Sessel zu finden; Sie können sich auch auf Ihr Bett legen, wenn Ihnen das lieber ist. Die »richtige« Stellung ist die, welche Ihnen am angenehmsten ist. Stellen Sie sich innerlich darauf ein, daß Sie etwa zwanzig Minuten entspannte Ruhe und Entspannung vor sich haben.

Wir weisen ausdrücklich darauf hin, daß es nicht nötig ist, den Raum, in dem Sie sich befinden, abzudunkeln; Sie benötigen keine besondere Temperatur und müssen sich weder in eine Decke wickeln noch Musik im Hintergrund spielen lassen. Mit anderen Worten: Sie benötigen keine speziellen Effekte.

Die hypnotische Induktion

Die Anweisungen auf Seite A des Bandes

Der folgende Überblick gibt Ihnen eine Vorstellung davon, wie die Induktion auf Seite A der Kassette aufgebaut ist und worin der Zweck eines jeden Schrittes besteht. Das Band enthält deutlich formulierte Anweisungen, denen Sie folgen sollen. Es führt Sie mit einer sanften, entspannenden Stimme, die es Ihnen ermöglichen wird, eine echte Hypnose zu erleben, behutsam durch jedes Stadium des Prozesses. Sobald Sie mit den Übungen auf dem Band vertraut sind, können Sie sich selbst, ohne fremde Hilfe, in Hypnose versetzen (Kapitel fünf), und am Ende des Buches können Sie lernen, spezielle Probleme anzugehen (Kapitel sechs).

In den ersten zwei oder drei Minuten auf Seite A geht es um die körperliche Entspannung. Zuallererst werden Sie gebeten, Ihre Augen zu schließen, damit Sie sich besser konzentrieren können;

Erster Schritt
Körperliche Entspannung

dann werden Sie angehalten, einzelne Muskelstränge anzuspannen und wieder zu entspannen, wobei Sie mit den Füßen beginnen und sich bis zum Scheitel hocharbeiten.
ZIEL: Körper und Geist sind miteinander verbunden – wenn der eine entspannt ist, ist es auch für den anderen leichter, sich zu entspannen. Diese Übung macht Ihnen zudem bewußt, welche Teile Ihres Körpers verspannt waren.

Zweiter Schritt
Augen schließen

In diesem Teil der Induktion werden Sie gebeten, Ihre Augen auf einen bestimmten Punkt an der Zimmerdecke zu richten, wobei Sie so weit hochblicken, wie Sie können, ohne dabei Ihren Kopf zu heben. Währenddessen sollen Sie von fünfhundert rückwärts zählen. Zählen Sie leise und rhythmisch, und wenn Sie den Faden verlieren, setzen Sie bei irgendeiner Zahl wieder ein – Sie werden nicht sehr lange zählen.
ZIEL: Das ist eine Methode, um Ihre Augen zu ermüden, die sich – dann ganz von selbst – schließen können. Dieser Vorgang beschäftigt Ihr Bewußtsein und ermöglicht gleichzeitig einen leichteren Zugang zu Ihrem Unterbewußtsein.

Dritter Schritt
Tiefenentspannung durch Vorzählen

In diesem Stadium werden Ihnen die Zahlen von eins bis zehn vorgezählt. Mit jeder genannten Zahl verspüren Sie ein stetig tieferes Gefühl von geistiger und körperlicher Entspannung.
ZIEL: Dies ist eine wirksame Methode, um die Tiefe Ihrer Hypnose zu verbessern. Ausschlaggebend ist hierbei Ihre Bereitschaft, die Dinge geschehen zu lassen, was Sie auf den nächsten Schritt vorbereitet. Je öfter Sie das Band spielen, je mehr Sie sich in dieser Technik üben, desto besser wird das Endergebnis sein.

Vierter Schritt
Nutzen Sie Ihre Phantasie

In diesem Teil des Bandes wird in einfachen Worten ein Garten beschrieben, den Sie sich vorstellen sollen. Diese Übung kann man nicht »richtig« oder »falsch« machen, das heißt, es hat keine Bedeutung, wie Sie sich in Ihrer Phantasie in diesem Garten bewegen, wie Sie ihn »sehen« oder »fühlen«.
ZIEL: Diese Sequenz ermöglicht es Ihren natürlichen kreativen Fähigkeiten – also Ihrem Unterbewußtsein – hervorzutreten, erlaubt Ihnen, zu genießen, daß Sie sich in einer angenehmen Umgebung befinden, und vermittelt Ihnen ein Gefühl von Ruhe und innerem Frieden.

Fünfter Schritt
Suggestionen

Während Sie weiterhin diese angenehmen Gefühle von Frieden und Wohlbefinden genießen, sind Sie nun in der Lage, positive Suggestionen an Ihr aufnahmebereites Unterbewußtsein zu richten. Stellen Sie sich vor, Sie seien selbstbewußt, fit und gesund.
ZIEL: Diese Suggestionen werden von Ihrem Unterbewußtsein sogleich aufgenommen und entfalten dort Ihre Wirkung, was positive Veränderungen bei Ihnen möglich macht.

Sechster Schritt
Die posthypnotische Suggestion

Falls Sie den Wunsch haben, sich selbst in Hypnose zu versetzen, wird Ihnen am Ende des Bandes eine Suggestion gegeben. Alles, was Sie tun müssen, ist, Ihre Augen auf einen bestimmten Punkt an der Decke richten, von eins bis zehn zählen, tief einatmen, dabei langsam Ihre Augen schließen und sich die Worte »HYPNOSE JETZT« sagen. Mehr brauchen Sie nicht zu tun. Sie sitzen wieder auf Ihrer Gartenbank, genießen den entspannten Zustand und erleben den Garten und alles, was darin ist.
ZIEL: Die posthypnotische Suggestion hilft Ihnen, innerhalb von wenigen Sekunden in Hypnose zu kommen, deren Qualität zu verbessern und – natürlich – sich ohne fremde Hilfe in Hypnose zu versetzen. Mit anderen Worten: Sie sind imstande, Selbsthypnose zu praktizieren.

Siebenter Schritt
Das Aufwachen

Möglicherweise ist es eine Ihrer größten Ängste, nicht mehr aus der Hypnose zu erwachen. Während Sie das Band anhören, verspüren Sie keinerlei Furcht, da die Stimme auf dem Band Sie führt, indem sie von zehn bis eins zurückzählt und Ihnen sagt, daß Sie bei eins wieder hellwach und ganz da sein werden. Wenn Sie in Selbsthypnose sind, tun Sie genau dasselbe für sich; denken Sie daran, sich selbst zu sagen, daß Sie hellwach und ganz da sind und sich ausgeruht und erholt fühlen. (Auch jede andere positive Erklärung ist geeignet.)
ZIEL: Das bringt Sie auf sanfte Weise wieder in den Normalzustand zurück; gleichzeitig garantiert es, daß Sie keinen der positiven Einflüsse der erlebten Hypnose wieder verlieren. Doch wie gesagt: Falls ein unvorhergesehenes Ereignis eintreten sollte, während Sie in Hypnose sind, würden Sie automatisch aufwachen.

Die Anweisungen auf Seite B

Seite B der Kassette ist nicht so sehr eine formale hypnotische Induktion, sondern mehr eine Bewußtseinsübung. Sie verstärkt Seite A, kann jedoch als Alternative zur Hypnoseinduktion benutzt werden.

• Im ersten Abschnitt geht es um Übungen, die Ihre Konzentration auf verschiedene Teile Ihres Körpers richtet (wohingegen auf Seite A die Entspannung der Körperteile im Vordergrund steht). Diese erhöhte Konzentration befähigt Sie automatisch, in einen veränderten Bewußtseinszustand zu kommen, der in der Tat Hypnose ist.

• Mit dem zweiten Abschnitt treten Sie sozusagen aus sich heraus, das heißt, Sie betrachten sich und Ihre Umwelt aus einer veränderten Perspektive. Das ist ein wichtiger Schritt auf dem Weg Ihrer persönlichen Entwicklung; er ermöglicht es Ihnen, sich selbst und alle Probleme, die Sie haben, objektiver zu sehen.

• Der dritte Abschnitt enthält ganz dezidierte Affirmationen, die Ihnen größere Selbstsicherheit geben – etwas, was die meisten Menschen in irgendeiner Hinsicht brauchen.

• Der vierte Abschnitt ist eine Wiederholung der posthypnotischen Suggestion von Seite A. Diese befähigt Sie, sich zukünftig selbst in Hypnose zu versetzen.

Mit dieser Kassette sollen Sie innerhalb sehr kurzer Zeit in der Lage sein, sich ohne fremde Hilfe in Hypnose zu versetzen. Dann sind Sie wahrhaft unabhängig und brauchen das Band nicht mehr regelmäßig zu spielen.

Doch jetzt: SPIELEN SIE DAS BAND! Wir schlagen Ihnen vor, beide Seiten mindestens zwei- oder dreimal anzuhören, bevor Sie zur posthypnotischen Suggestion übergehen, damit Sie sich mit dem hypnotischen Zustand, dieser neuen Erfahrung, gänzlich vertraut machen können.

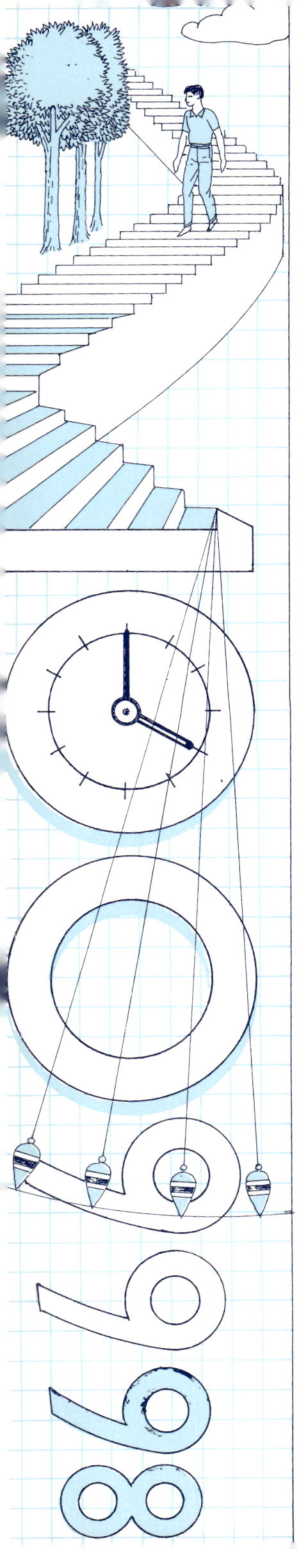

Fünftes Kapitel

Die posthypnotische Suggestion

Jetzt kommen wir zur praktischen Anwendung: Sie versetzen sich allein, ohne fremde Hilfe, in Hypnose. Bedenken Sie, daß die Anweisungen, die Sie durch das Band erhalten haben, nun fest in Ihrem Unterbewußtsein verankert sind.

Und so gehen Sie vor:

• Wählen Sie einen Zeitpunkt, zu dem Sie nicht gestört werden können; setzen Sie sich in einen bequemen Sessel.

• Nehmen Sie sich etwas Zeit, um es sich wirklich bequem zu machen.

• Richten Sie Ihre Augen auf einen Punkt an der Decke.

• Zählen Sie von eins bis zehn, atmen Sie tief ein, und während Sie ausatmen, schließen Sie langsam Ihre Augen und sagen sich die Worte »HYPNOSE JETZT«.

• In der Phantasie sitzen Sie wieder auf Ihrer Gartenbank in Ihrem abgelegenen Garten. Achten Sie auf die Bäume und Sträucher, die den Garten umgeben; sehen Sie, wie das Sonnenlicht auf dem Wasser des Zierteiches glitzert. Erleben Sie die Blumen, das Gras und das Gefühl von Wohlbefinden und Entspannung, das Sie immer verspüren, wenn Sie diesen Garten betreten.

• Wenn Sie bereit sind, wecken Sie sich auf dieselbe Weise wie auf dem Band – indem Sie rückwärts von zehn bis eins zählen. Sagen Sie sich, daß Sie bei eins hellwach und ganz da sind.

Das ist alles.

Es ist natürlich möglich, daß Ihnen bei diesem ersten Versuch (ohne Band) die Hypnose weniger intensiv vorkam, als wenn Sie unsere Kassette angehört haben. Doch bitte bedenken Sie, daß es mit dem Erlernen der Selbsthypnose genauso ist wie mit jeder anderen neuen Fertigkeit: Je öfter Sie es tun, desto besser werden Sie. Daher empfehlen wir Ihnen, regelmäßig Selbsthypnose zu praktizieren, am besten ein- bis zweimal täglich. Sie werden erstaunt sein, in welch kurzer Zeit Sie Übung bekommen.

Für den Fall, daß es uns nicht gelungen sein sollte, uns ausreichend verständlich zu machen, wollen wir noch einmal auf unseren Vergleich mit dem Auto zurückkommen.

- Sie haben soeben ein brandneues Auto erworben. Wir wollen es mit Ihrer neuen Fähigkeit zur Selbsthypnose vergleichen.

- Nachdem Sie das Auto lange Zeit nicht gefahren haben, wollen Sie eines Tages den Motor anlassen; doch es hat so lange in der Garage gestanden, daß die Batterie leer ist. Dies ist vergleichbar mit dem Versuch, sich erst Wochen oder Monate nach dem ersten Abspielen des Bandes in Selbsthypnose zu versetzen.

- Sie beschließen, die Batterie aufzuladen; danach drehen Sie jeden Tag eine Runde mit dem Wagen, damit der Motor nicht einrostet – vergleichbar mit dem täglichen Praktizieren der Selbsthypnose.

Setzen Sie sich ein Zeitlimit

Das Unterbewußtsein hat ein ausgeprägtes Zeitgefühl

»Was ist, wenn ich einschlafe? Was ist, wenn ich aufwache?« Diese Fragen haben Sie sich sicher schon gestellt. Machen Sie sich keine Sorgen – das Schlimmste, was Ihnen geschehen kann, ist, daß Sie einschlafen, sofern Sie müde sind. In diesem Fall wachen Sie einfach wie aus einem gewöhnlichen Schlaf auf.

Aber was ist, wenn Sie nur eine begrenzte Zeit für die Hypnose erübrigen können? Dieses Problem können Sie lösen, indem Sie sich selbst ein bestimmtes Zeitlimit setzen; Ihr Unterbewußtsein hat ein ausgeprägtes Zeitgefühl, und Sie können es mühelos darauf programmieren, Sie zum richtigen Zeitpunkt zu wecken.

Wenn Sie sich in Hypnose versetzen und »HYPNOSE

JETZT« vorsagen, fügen Sie einfach die Worte *»für zehn Minuten«* (oder das von Ihnen gewünschte Zeitlimit) hinzu.

Diesmal brauchen Sie sich nicht bewußt zu wecken, indem Sie von zehn bis eins rückwärts zählen – Ihr Unterbewußtsein tut das automatisch für Sie. Sie werden erstaunt sein, wie leicht das ist und wie gut es funktioniert. Probieren Sie es einfach aus, und lassen Sie sich überraschen!

Vertiefungstechniken

Je tiefer die Hypnose, desto entspannter werden Sie

Nachdem Sie einige Male Selbsthypnose praktiziert haben, fragen Sie sich vielleicht, wie Sie eine tiefere Ebene erreichen können. Sie wissen ja, daß Sie, je entspannter Sie sind, um so leichter mit Ihrem Unterbewußtsein arbeiten können.

Hier sind einige Suggestionen, die Sie ausprobieren sollten, sobald Sie sich auf der Gartenbank niedergelassen haben.

- Heben Sie Ihren Arm ein paar Zentimeter in die Höhe, und wenn Sie ihn schwer zurück in Ihren Schoß fallen lassen, richten Sie die Suggestion an sich, daß Sie drei Ebenen tiefer hinabgleiten. Lassen Sie es einfach geschehen.

- Öffnen Sie die Augen, und wenn Sie sie wieder schließen, richten Sie die Suggestion an sich, daß Sie noch einmal drei Ebenen tiefer hinabgleiten.

- Atmen Sie tief ein, und während Sie ausatmen, richten Sie die Suggestion an sich, wiederum drei Ebenen tiefer hinabzugleiten.

- Sprechen Sie einfach zwei- oder dreimal das Wort *»tiefer«*, und sagen Sie sich, daß Sie jedesmal, wenn Sie das Wort aussprechen, tiefer hinabgleiten werden.

- Während Sie auf der Gartenbank sitzen, zählen Sie. Diesmal zählen Sie von hundert rückwärts, und nach jeder Zahl fügen Sie die Worte *»tiefer und tiefer«* hinzu. Schauen Sie hinauf in den Himmel über den Bäumen, die Ihren Garten umgeben, und stellen Sie sich vor, daß Sie dort Zahlen (von hundert rückwärts) sehen können, die nebeneinander stehen. Sobald Sie anfangen zu zählen, bemerken Sie, daß jede Zahl kleiner und blasser ist als die vorige. Bis Sie bei fünfundneunzig oder vierundneunzig angelangt sind, verschwinden die Zahlen einfach. Diese Ebene der Hypnose nennt man »Somnambulismus«, da man anfänglich an den hypnotisierten Personen ähnliche Anzeichen beobachtete, wie sie bei Schlafwandlern (Somnambulen) auftreten. Heute wissen wir, daß dieser Zustand mit Schlafwandeln nicht das geringste zu tun hat, doch ist der Name geblieben.

Diese Suggestionen gehören zu den einfachsten und schnellsten Methoden, Hypnose zu vertiefen, aber vielleicht möchten Sie trotzdem einige Visualisierungstechniken ausprobieren, mit denen Sie dieselbe Wirkung erzielen können.

• Stellen Sie sich vor, Sie schauen auf ein Pendel, das hin und her schwingt. Verlangsamen Sie den Rhythmus des Pendels, um sich noch tiefer zu entspannen, und sagen Sie sich, daß Sie, während Sie das Pendel beobachten, immer tiefer hinabgleiten.

• Während Sie auf Ihrer Gartenbank sitzen, stellen Sie sich vor, wie Sie eine bauschige weiße Wolke am Himmel beobachten, die allmählich das Wort *Schlaf* bildet. Lassen Sie sie mit dem Wind hinwegwehen und ersetzen Sie sie durch eine andere Wolke, die ebenfalls das Wort *Schlaf* formt. Machen Sie so weiter, bis Sie die Tiefe der Hypnose erreicht haben, bei der Sie sich wohlfühlen.

• Stellen Sie sich vor, Sie schreiten langsam eine sehr lange Treppe hinunter, und sagen Sie sich, daß Sie mit jedem Schritt tiefer in die Hypnose gleiten.

• Stellen Sie sich vor, Sie betreten einen Fahrstuhl in der obersten Etage eines sehr hohen Gebäudes. Fahren Sie damit hinunter, und beobachten Sie beim Passieren jeder Etage den Anzeiger. Gleiten Sie mit jeder Zahl, die dort erscheint, tiefer in die Hypnose. Natürlich sollten Sie dieses Bild nicht benutzen, wenn Sie Angst vor Fahrstühlen oder geschlossenen Räumen haben (siehe Kapitel sieben für Hinweise, wie man solche Phobien behandeln kann).

Vielleicht möchten Sie ja auch mit eigenen Visualisierungen experimentieren. Finden Sie einfach etwas, das Ihnen richtig und angenehm erscheint.

Messen Sie die Tiefe Ihrer Hypnose

Wie Sie dazu ein Lineal benutzen können

Bei allen unseren Techniken ist die einfache Anwendung grundlegend, und nichts könnte einfacher sein als die nächste Übung. Wenn Sie etwas messen wollen, benötigen Sie natürlich ein Lineal. Sie müssen sich in Hypnose sagen, daß nun ein Lineal erscheinen wird, das senkrecht vor Ihnen steht und Zahlen von null (an der Spitze) bis hundert (am unteren Ende) aufweist. Je näher Sie an hundert kommen, um so tiefer sind Sie in Hypnose.

- Nachdem Sie sich auf Ihrer Gartenbank niedergelassen haben, zählen Sie von eins bis drei und sagen sich, daß Sie bei drei das Lineal aufrecht vor sich stehen sehen.

- Zählen Sie wiederum von eins bis drei, und sagen Sie sich, daß bei drei eine Zahl auf dem Lineal hervortritt, die der Tiefe Ihrer Entspannung entspricht.

- Jetzt können Sie Ihre Hypnose vertiefen, indem Sie eine der Vertiefungstechniken benutzen, die wir bereits vorgestellt haben. Entweder heben Sie eine Hand und lassen sie fallen, oder Sie öffnen und schließen Ihre Augen, oder Sie atmen tief ein. Sagen Sie sich, daß Ihre Entspannung mit jedem Mal, wo Sie eine dieser körperlichen Bewegungen ausführen, doppelt so tief werden wird.

- Nach jeder körperlichen Bewegung zählen Sie von eins bis drei und suchen die Maßeinheit auf Ihrem Lineal. Sie können sich an dem Lineal herab immer tiefer und tiefer bis zu der Ebene gleiten lassen, auf der Sie sich wohlfühlen, sogar bis zur optimalen Ebene von einhundert.

- Wenn Sie die gewünschte Ebene erreicht haben, suggerieren Sie sich, daß Sie das nächste Mal, wenn Sie Selbsthypnose anwenden, direkt zu dieser Ebene gehen werden.

- Vergessen Sie nicht, Ihr Lineal am Ende sicher zu verwahren, so daß Sie es bei späteren Gelegenheiten wieder benutzen können.

Mit dieser einfachen Meßmethode werden Sie bald merken, daß Sie tatsächlich Kontrolle über Ihre eigene Hypnose erlangen – Sie können deren Tiefe nach Wunsch messen und verstärken.

Affirmationen

Die Macht, zu sich selbst zu sprechen

Wie wir bereits erwähnt haben, ist das, was wir sind, und die Art, wie wir auf Ereignisse und andere Menschen reagieren, durch eine frühe Programmierung bestimmt. Einige Elemente dieser Programmierung haben vielleicht unliebsame Folgen bei Ihnen hinterlassen; oder Sie haben den Wunsch, einige Ihrer positiven Eigenschaften zu verstärken. Auf jeden Fall ist es wahrscheinlich, daß Sie dem Programm Ihres Unterbewußtseins neue Elemente hinzufügen wollen, und das geschieht in erster Linie, indem Sie sich durch positive Gedanken beeinflussen und mit sich selbst sprechen.

Wir sprechen oft zu uns selbst, und dieser innere Dialog ist sehr wirkungsvoll – so wirkungsvoll, daß er alles beeinflussen kann, was wir sagen oder tun.

Hier ein Beispiel: Nehmen wir einmal an, Sie hätten in einem oder mehreren Bereichen Ihres Lebens wenig Selbstbewußtsein. Wahrscheinlich sagen Sie häufig negative Dinge zu sich selbst, wie *»Darin werde ich einfach nie gut sein«*. Je öfter Sie so etwas sagen, desto mehr glauben Sie tatsächlich daran. Doch mit Hilfe der Hypnose kann dieser Teufelskreis durchbrochen werden.

Wenn Sie sich in Hypnose den einfachen Satz *»Ich bin selbstsicher«* immer wieder sagen, können Sie die Art und Weise, wie Sie über sich selbst denken, verändern. Das klingt einfach und ist es auch; aber bedenken Sie, daß Sie im Hypnosezustand direkt mit Ihrem Unterbewußtsein sprechen, und wenn Sie die Aussage ständig wiederholen, wird jeder Teil Ihres Geistes sie schlußendlich akzeptieren.

Im sechsten Kapitel widmen wir dieser Übung für mehr Selbstvertrauen einen ganzen Abschnitt. Wir hoffen allerdings, daß die Botschaft schon jetzt soweit bei Ihnen angekommen ist, daß Sie sich selbst suggerieren können, alles nur Machbare zu tun (oder eben nicht zu tun).

Hoffentlich haben Sie einige Vorstellungen darüber, wie Sie sich gerne programmieren würden und wo Sie Unterstützung brauchen. Doch müssen Sie einige Regeln beachten, ehe Sie mit einer Affirmation arbeiten.

• Machen Sie alle Affirmationen im Präsens. Jede positive Aussage sollte in der Gegenwart gehalten werden. Sie drücken sich also in der Weise aus, als hätten Sie das Gewünschte bereits erreicht; damit weiß Ihr Unterbewußtsein, daß es sofort dementsprechend reagieren soll. Verwenden Sie nie die Zukunft (zum Beispiel *»Ich werde ... sein«*).

• Bleiben Sie motiviert. Sie müssen Ihr Unterbewußtsein davon überzeugen, daß die angestrebte Veränderung für Sie von Nutzen sein wird – teilen Sie ihm also mit, warum. Sie können beispielsweise sagen: *»Ich höre mit dem Rauchen auf, weil ich gesund leben möchte. Ich will unabhängig von Nikotin sein, und ich will frei sein.«*

• Drücken Sie sich einfach aus. Das Unterbewußtsein ist wie ein kleines Kind und kann keine langen, komplizierten Sätze erfassen. Drücken Sie sich deswegen einfach, aber motivierend aus. Beispiel: *»Ich fühle mich gut, ich fühle mich großartig, ich bin glücklich.«*

• Machen Sie stets positive Affirmationen. Wir haben bereits angesprochen, daß Sie eventuell frühe negative Programmierungen erlebt haben; das letzte, was Sie tun sollten, wäre, irgendwelche Sätze in Ihre Programmierung einzubauen, die auf negative Dinge anspielen, wie: *»Meine Kopfschmerzen sind verschwunden, wenn ich aufwache.«* Vielmehr sollten Sie sagen: *»Wenn ich mich besser entspanne, wird mein Kopf klarer.«*

• Wiederholen Sie Ihre Affirmationen mehr als einmal. Das Unterbewußtsein muß immer wieder daran erinnert werden, was es tun soll. Aber machen Sie nicht den Fehler, jedesmal dieselben Worte zu benutzen. Verwenden Sie Synonyme wie: *»Ich verliere Gewicht, meine Figur wird schlank.«*

• Drücken Sie sich präzise aus. Sagen Sie Ihrem Unterbewußtsein ganz genau, was Sie wollen. Wenn Sie abnehmen wollen, dann lassen Sie Ihr Unterbewußtsein wissen, welches Gewicht und welche Kleidergröße Sie anstreben.

• Nehmen Sie sich immer nur *eine* Sache vor. Vielleicht gibt es viele Bereiche in Ihrem Leben, in denen Sie sich Veränderungen wünschen, aber versuchen Sie nicht, alles auf einmal zu erwirken. Beginnen Sie mit dem kleinsten Problem, ändern Sie dies zuerst und gehen Sie dann zu anderen über. Wenn Sie sich suggerieren, daß Sie selbstbewußter werden, dann wird Ihnen das natürlich bei all Ihren zukünftigen Veränderungen helfen. Wenn Sie andererseits das Gefühl haben, daß Sie bereits sehr viel Selbstbewußtsein besitzen und nur mit dem Rauchen aufhören wollen, dann konzentrieren Sie sich darauf.

• Bleiben Sie realistisch. Denken Sie daran, daß Selbstsicherheit ohne Kompetenz gefährlich sein kann. Es wäre falsch, sich zu suggerieren, man könnte ein Skias sein, wenn man noch nie in seinem Leben auf einer Piste gestanden hat. Wenn Sie dagegen bereits Erfahrung in einer bestimmten Sportart (oder einem anderen Bereich) haben, dann könnte eine geeignete Affirmation sein: »*Wenn ich selbstbewußter und entspannter bin, spiele ich besser Tennis* (o. a.).«

Visualisierung

Sich anders sehen

Die zweite Methode, durch die wir eine Programmierung erwirken können, ist die Visualisierung. Wir sagen oft Dinge zu uns wie: »*Ich kann mir gar nicht vorstellen, daß ich das schaffe.*« Sehen wir uns allerdings vor unserem inneren Auge eine erwünschte Tätigkeit verrichten, dann überwinden wir die Blockade und geben uns die Chance, unser Ziel in Angriff zu nehmen.

In Hypnose haben Sie einen direkten Zugang zu Ihrem Unterbewußtsein, zu dem auch Ihre Vorstellungskraft gehört. Logischerweise kann es sehr wirkungsvoll sein, Ihre Vorstellungskraft im Zustand der Hypnose einzusetzen, und Sie können sie höchstwahrscheinlich in positiver Weise nutzen.

Nehmen wir beispielsweise an, Sie seien ziemlich übergewichtig. Jedesmal, wenn Sie sich im Spiegel betrachten, sehen

Sie sich als dicke Person. Wenn Sie an sich denken, fällt Ihnen sofort ein, daß Sie dick sind, und egal, wie sehr Sie sich wünschen, Gewicht zu verlieren, egal, wie viele Diäten Sie ausprobieren, egal, wie sehr Sie sich beim Essen einschränken, Sie sehen sich immer noch als dick. Dieses Bild, das Sie von sich haben, ist tief in Ihrem Geist verankert. Doch nehmen wir einmal an, daß Sie von nun an jedesmal, wenn Sie sich in Hypnose versetzen, Ihrem Unterbewußtsein ein Bild suggerieren, wie Sie gerne aussehen möchten, vielleicht sogar ein Bild aus früheren Zeiten, als Sie noch schlank waren. Glauben Sie nicht auch, daß Ihr Unterbewußtsein diese Botschaft bald aufnehmen wird und daß Sie eine andere Vorstellung von Ihrem wirklichen Ich bekommen, nämlich dem inneren, dem schlanken Ich, das in Ihnen steckt? Das ist nur ein Beispiel dafür, wie ein positives Bild dazu benutzt werden kann, um die innere Selbsteinschätzung zu ändern.

Gesteuerte Phantasien

Wie Sie Ihre Vorstellungskraft erweitern

Eine hervorragende Methode, Ihr Bewußtsein zu umgehen, sich selbst tiefer in Hypnose zu versetzen, Ihr Unterbewußtsein zu erreichen und ein therapeutisches Ergebnis zu erzielen, besteht darin, mit gesteuerten Phantasien zu arbeiten. Wir haben deshalb im folgenden zwei Phantasien für Sie aufgeschrieben; alles, was Sie zu tun haben, ist, den Text einige Male zu lesen, sich dann in Hypnose zu versetzen und Ihrem Geist alles übrige zu überlassen. Sie können den Text aber auch laut lesen (und auf Band aufnehmen) und sich dann während der Hypnose vorspielen. Arbeiten Sie jeweils nur mit einer Phantasie.

Stellen Sie sich vor, daß Sie auf einem grasbewachsenen Hügel stehen und aufs Meer blicken. Es ist früh am Morgen, und die Sonne geht eben über dem Horizont auf.

Vor Ihnen ist ein Pfad, der zum Strand hinabführt. Gehen Sie den Pfad langsam und vorsichtig hinunter und fühlen Sie dabei den Sand und die Kieselsteine unter Ihren Füßen. Atmen Sie die frische Seeluft ein, und entspannen Sie sich allmählich, während Sie den Pfad hinabschlendern. Wenn Sie sich dem Strand nähern, hören Sie die Wellen am Ufer auslaufen und lauschen dem Gekreisch der Möwen, die über Ihrem Kopf kreisen.

Jetzt sind Sie am Strand, in Ihrer eigenen Welt, im Einklang mit Ihrer Umgebung und im Frieden mit sich selbst. Gehen Sie den Strand entlang, schauen Sie auf Ihre Fußstapfen im unberührten Sand, bis Sie zu einem geschützten Platz in den Dünen kommen. Sinken Sie in den weichen, warmen Sand und blicken Sie hinaus auf das Meer. Fühlen Sie den feinen, weichen Sand durch Ihre Finger rinnen. Spüren Sie, wie die Sonne sanft Ihren Körper streichelt, und lassen Sie sich von den warmen, heilenden Strahlen beruhigen und entspannen.

Wenn Sie zum Horizont schauen, erblicken Sie einen Schwarm Möwen, die über den Wellen dahingleiten. Sie sehen ihnen eine Weile zu, bewundern ihre weißen Federn und ihre Freiheit. Sie fragen sich, wie es wohl wäre, eine von ihnen zu sein.

Stellen Sie sich vor, Sie schauen sich selbst zu, wie Sie dort im Sand liegen und von den Sanddünen gewärmt und geschützt werden. Dann erheben Sie sich. Erheben Sie sich in die Lüfte und schweben Sie sanft dem Möwenschwarm entgegen, und während Sie auf ihn zufliegen, spüren Sie die Stärke und Kraft Ihrer Flügel. Genießen Sie vor allem die Freiheit, die Ihre Flügel Ihnen verleihen.

Freuen Sie sich darüber, daß auch Sie immer höher schweben können, über die Wolken, der Sonne entgegen. Dann gleiten Sie langsam zum Meer herab, bis Sie spüren, wie Ihre Füße sanft das Wasser berühren; danach erheben Sie sich wieder in die Lüfte und erkennen, daß Sie überallhin fliegen können, wohin Sie wollen. Spüren Sie die Kraft, die in Ihnen wohnt, machen Sie sich bewußt, daß es oben am blauen Himmel keine Grenzen gibt.

Wenn Sie auf die Küste schauen, sehen Sie auf einem einzelnen Felsen die Silhouette der Großen Weißen Möwe, dem weisesten und mächtigsten aller Vögel. Sie hat verfolgt, wie Sie sich entwickelten, hat Ihre Suche nach Vollkommenheit gespürt und kennt Sie besser, als Sie sich selbst kennen. Sie kann Ihnen auf jede Frage, die Sie ihr stellen, eine Antwort geben.

Fliegen Sie ihr entgegen, und während Sie das tun, formulieren Sie im Geiste eine Frage. Wenn Sie sich neben ihr auf dem Felsen niederlassen, erkennen Sie, daß Sie hier jegliches Wissen erwerben können, das Sie benötigen. Stellen Sie Ihre Frage, und warten Sie auf die Antwort.

Wenn Sie sicher sind, daß Sie alle Antworten bekommen haben, die Sie brauchen, schweben Sie langsam und mit Frieden im Herzen zu den Sanddünen zurück, legen Sie nach und nach Ihre Flügel ab, bis Sie zu dem Punkt kommen, wo Sie sich selbst im Sand sitzen sehen. Nun stellen Sie sich direkt über Ihr eigenes Bild und kehren sanft wieder in Ihren

Körper zurück; behalten Sie die Erinnerung an Erfüllung, an Freiheit und an das Wissen, das Sie erworben haben, im Gedächtnis.

Mit diesem Text sollen vier Dinge erreicht werden. Er soll

- Ihre Entspannung im Hypnosezustand verbessern;

- Ihr Bewußtsein und damit Ihre Vorstellungskraft erweitern;

- Ihrem Unterbewußtsein eine Ahnung von Freiheit geben und es von Ihrer Fähigkeit überzeugen, das zu erreichen, was Sie wollen (das ist natürlich symbolisch gemeint);

- Sie befähigen, der Großen Weißen Möwe eine Frage zu stellen (mit anderen Worten: Ihrem Unterbewußtsein).

Die nächste gesteuerte Phantasie könnte man als Übung zur »Reinigung« des Geistes bezeichnen. Sie soll Ihnen helfen, sich von negativen Gedanken, Gefühlen und Emotionen zu befreien und sie durch positive zu ersetzen.

Stellen Sie sich vor, Sie sitzen an einem warmen, sonnigen Strand. Es ist einer dieser Tage, an dem jeder Mensch im Frieden mit der Welt zu sein scheint. Die anderen Leute am Strand spielen und planschen im Wasser herum, und Sie sehen ihnen ruhig zu. Sie fragen sich, warum Sie nicht so glücklich sind, wie es alle anderen hier zu sein scheinen.

Irgendwie wissen Sie, daß Gefühle und Gedanken in Ihrem Kopf Sie daran hindern, diesen wundervollen Sommertag zu genießen. Einige dieser Gedanken stehen vielleicht in Verbindung zu vergangenen Ereignissen; möglicherweise haben sie aber auch mit Dingen zu tun, die sich in Ihrem derzeitigen Leben abspielen. Ganz gleich, was für Gefühle es sein mögen, Sie wissen, daß sie negativer Art sind.

Sie bemerken, daß neben Ihnen mehrere Kieselsteine im Sand liegen. Einige sind klein, aber manche sind ziemlich groß, und als Sie genauer hinsehen, wird Ihnen bewußt, daß sie einige der negativen Gedanken verkörpern, die Sie in sich tragen. Sie können allgemeine negative Stimmungen verkörpern oder auch ganz bestimmte Gefühle wie Ärger, Frustration, Groll, geringe Selbstachtung, Schuldgefühle, mangelndes Selbstvertrauen, Selbstbestrafung oder was Ihnen gerade einfällt.

Sie nehmen den ersten Kieselstein in die Hand; Ihnen ist vollkommen klar, für welchen negativen Aspekt in Ihnen er steht, und Sie beschließen, daß Sie ihn wirklich nicht mehr brauchen. Sie können nur eines tun: sich des Steins entledigen. Sie nehmen ihn in die Hand, gehen bis zum Wasserrand und werfen ihn weit ins Meer hinaus, so weit Sie können, damit er gänzlich aus Ihrer Nähe, aus Ihrem Leben verschwindet.

Sie drehen sich um und sehen die anderen Kieselsteine dort im Sand liegen, und Sie gehen zu ihnen hin, um sie sich näher anzuschauen, und wiederum verstehen Sie, was jeder Stein verkörpert. Sie spüren, daß es keinen Grund mehr gibt, weiterhin an ihnen festzuhalten. Da Sie jeden einzelnen erkennen und beschlossen haben, daß Sie sie alle nicht mehr brauchen, sammeln Sie sie in einem Eimer. Wenn keine Steine mehr daliegen, tragen Sie den Eimer an den Wasserrand und werfen jeden einzelnen fort, fort aus Ihrem Leben.

Bald sind die Kieselsteine verschwunden, und Sie stehen ruhig am Rande des Wassers, die Wellen schlagen sanft rings um Ihre Füße auf den Sand. Sie fühlen sich irgendwie gereinigt, fühlen sich frei, fühlen, daß Sie in der Lage sind, mit einer neuen Art des Denkens zu beginnen. Sie fangen an, sich positive Eigenschaften vorzustellen, die Sie gerne hätten: Liebe, Selbstvertrauen, Glück, Selbstachtung – alles Dinge, die Sie schon immer wollten und die Ihnen, wie jedem Menschen, zustehen.

Sie ahnen, daß jede sanfte Welle, die Ihren Körper berührt, eines dieser positiven Merkmale verkörpert. Sie spüren, daß Sie mit all jenen Gefühlen erfüllt werden, die Sie sich immer gewünscht haben. Wie Sie da im Sonnenschein stehen, fühlen Sie sich wie ein Kind: sorgenfrei, glücklich, bereit, sich den anderen Menschen am Strand anzuschließen, und Sie wissen, daß Sie all diese guten Dinge, die Sie sich vorgestellt haben, verdienen.

Bleiben Sie an dem Strand, solange Sie wollen, und denken Sie daran, daß Sie, wann immer Sie wünschen, dahin zurückgehen können.

Mit dieser Phantasievorstellung verbinden sich zwei Ziele. Sie sollen

- sich Ihrer negativen Aspekte bewußt werden und lernen, wie Sie sich von Ihnen lösen können. Erst wenn Sie Ihren Geist von negativen Gedanken reinigen können, sind Sie imstande, sie durch positive zu ersetzen;

• sich selbst programmieren, indem Sie Ihrem Unterbewußtsein durch Visualisierung veranschaulichen, was Sie sich für Ihr Leben wünschen.

Es ist gut möglich, daß Sie diese Übung mehrmals machen müssen, ehe Sie die destruktiven Gedankenmuster vollkommen ausgemerzt haben (das hängt davon ab, wie lange Sie mit den negativen Gedanken gelebt haben).

Wenn Sie selbstbewußter geworden sind und gelernt haben, die Selbsthypnose zu nutzen, werden Sie sicherlich Ihre eigenen gesteuerten Phantasien entwickeln, die zu Ihnen passen. Achten Sie stets darauf, daß sie einfach sind, und vor allem: Genießen Sie sie!

Sechstes Kapitel

Entwickeln Sie Ihr persönliches Programm

Jetzt ist die Zeit gekommen, wo Sie unsere Suggestionen für Ihre speziellen Probleme nutzen können – das heißt, natürlich nur, wenn Sie überhaupt Probleme haben. Doch wir nehmen an, daß Sie dieses Buch und die Kassette deswegen gekauft haben, weil es einen Bereich in Ihrem Leben gibt, in dem Sie gerne etwas verändern würden.

Die Problembereiche, die wir für dieses Kapitel gewählt haben, haben wir sehr sorgfältig ausgesucht. Nicht nur entschieden wir uns für allgemein verbreitete Probleme, sondern – was noch wichtiger ist – für Probleme, die erfolgreich durch Selbsthypnose behandelt werden können. Wenn Sie Ihren Punkt hier nicht finden, schlagen Sie Kapitel sieben auf, wo wir auf jene Problembereiche eingehen, die unserer Meinung nach die Konsultation eines Fachmannes (beziehungsweise einer Fachfrau) erfordern. Nach all den Jahren, in denen wir als Hypnotherapeuten arbeiten, glauben wir, daß manche Probleme – zum Beispiel Alkoholismus – am besten in Zusammenarbeit mit einem erfahrenen Spezialisten gelöst werden.

Die jeweiligen Texte zu den einzelnen Themen bestehen aus drei Teilen: der Affirmation, (die das Reizwort mit einschließt), den Zusatzübungen und den Kommentaren.

• *Die Affirmation und das Reizwort*. Eine Affirmation ist eine Suggestion, die Sie an sich selbst richten. Ihr Unterbewußtsein kann sie verstehen und darauf reagieren. Wir stellen Ihnen verschiedene Affirmationen vor; die meisten bestehen nur aus einigen wenigen Sätzen, aber natürlich können Sie sie nach Wunsch noch ergänzen, um sie Ihrer persönlichen Situation anzupassen. Die Länge der Affirmation sollte fünf oder sechs Sätze nicht übersteigen. Gestalten Sie sie zu ausführlich oder zu kompliziert, besteht die Gefahr, daß Ihr Bewußtsein sich einmischt – und das würde den Nutzen der Hypnose zunichte machen.

Im übrigen ist es wichtig, daß Sie der Affirmation Ihren eigenen persönlichen Beweggrund hinzufügen, der Sie diese Veränderung herbeiwünschen läßt. Der Satz könnte zum Beispiel folgendermaßen lauten: »*Da ich zu meiner Hochzeit eine kleinere Kleidergröße tragen möchte, kontrolliere ich nun meine Eßlust und esse jeden Tag weniger.*«

Wenn Sie die hier vorgestellten Affirmationen kurz überfliegen, werden Sie sicherlich denken: »Das kann ich mir unmöglich alles merken.« Deshalb schlagen wir Ihnen vor, daß Sie sie jeweils zwei- oder dreimal laut lesen – und dabei das in Großbuchstaben gedruckte Wort als Reizwort benutzen, bevor Sie sich in Hypnose versetzen. Sobald Sie sich dann in Hypnose versetzen, genügt es, einfach das Reizwort zu sagen, worauf Ihr Unterbewußtsein automatisch alle Sätze der Affirmation abspielt. War Ihnen klar, daß Ihr Unterbewußtsein so klug ist?

• *Zusatzübungen*. Einige dieser Übungen können gleichzeitig mit der Affirmation benutzt werden, doch ist es auch möglich, gesondert mit ihnen zu arbeiten. Wir empfehlen Ihnen, einige der längeren Sätze selbst auf ein Band zu sprechen. Vielleicht mögen Sie den Klang Ihrer eigenen Stimme nicht – das geht vielen Leuten so –, aber wenn Sie den Text selbst (und für sich selbst) aufnehmen, ist er viel persönlicher. Denken Sie daran, daß Sie der Mensch sind, dem Sie am meisten vertrauen. Mit der Zeit werden Sie sich daran gewöhnen.

Wenn Sie die Übungen auf ein Band aufnehmen, dann achten Sie darauf, Ihre Stimme in einem normalen Konversationston zu halten. Wählen Sie einen angenehmen Rhythmus, und sprechen Sie etwas langsamer als sonst.

• *Anmerkungen*. Unsere Anmerkungen beruhen auf unserer Erfahrung damit, wie Menschen an ihre Probleme herangehen und sie lösen. Wir geben zudem einige praktische Hinweise, die zeigen, wie Sie unter Hypnose das erreichen können, was Sie wollen.

Die Affirmation für erhöhtes Selbstvertrauen und die Anweisungen, die Sie dort finden, bilden die Grundlage dafür, wie sämtliche Suggestionen dieses Kapitels angewendet werden sollen. Es ist wichtig, daß Sie das ganze Beispiel durchlesen, um zu verstehen, wie die anderen positiven Affirmationen zu benutzen sind.

Wie Sie Ihr Selbstvertrauen erhöhen

Die Affirmation

Reizwort: SELBSTVERTRAUEN

Da ich mich mehr und mehr entspanne, werden mir meine eigenen positiven Energien bewußt und geben mir Selbstvertrauen.

Jeden Tag sehe ich mich selbst positiver, ich spüre, daß ich mein Leben allmählich in die Hand nehme.

Da ich selbstbewußter werde, weiß ich, daß ich mein Potential voll ausschöpfen kann.

Mehr und mehr erkenne ich all die guten Dinge, die ich in meinem Leben getan habe. Jetzt, da ich mich positiver sehe, trage ich meinen Kopf hoch.

Ich habe eine entspanntere Einstellung mir selbst und den anderen gegenüber, deshalb fühle ich mich selbstsicher, wenn ich mit anderen Menschen zusammen bin.

Ich habe in jeder Lage Selbstvertrauen, ich bewältige alles, was das Leben zu bieten hat, und genieße mein Leben in vollen Zügen.

Ich habe jetzt ein positives Bild von mir vor Augen; ich sehe sehr selbstbewußt, sehr gelassen und sehr sicher aus.

Ich werde mir meiner Talente und Begabungen jeden Tag mehr bewußt, und mein Selbstvertrauen nimmt zu.

Anmerkungen

Nachdem Sie diese Sätze (einschließlich des Reizwortes) zwei- oder dreimal laut gelesen haben, versetzen Sie sich selbst in Hypnose und gestatten sich eine kleine, entspannende Rast auf Ihrer Gartenbank. Dann sagen Sie das Reizwort. Vielleicht merken Sie, daß einige Sätze sich sozusagen automatisch »abspulen«; Sie können sicher sein, daß Ihr Unterbewußtsein sie aufgenommen hat und nun darauf reagiert. Wie wir bereits erwähnten: Je öfter Sie das Ganze tun, desto mehr Wirkung zeigt es.

Zusatzübung

Sie haben jetzt ein Reizwort für Ihren Geist, aber Sie können auch einen körperlichen Auslöser nehmen, der Ihnen zu mehr Selbstvertrauen verhilft. Und so bekommen Sie ihn:

Wenn Sie in Hypnose sind, nehmen Sie sich Zeit für eine Pause auf der Gartenbank und entspannen Sie Körper und Geist. Dann denken Sie an eine Zeit und eine Situation in Ihrem Leben, wo Sie völliges Selbstvertrauen hatten. Möglicherweise fällt Ihnen nicht auf Anhieb ein solcher Zeitpunkt ein, dann denken Sie noch einmal gut nach. Vielleicht fühlten Sie sich mit nahen Freunden, an Ihrem Arbeitsplatz oder zu Hause mit Ihrer eigenen Familie sehr wohl. Es gibt sicherlich mindestens eine Situation, in der Sie ganz entspannt und gelöst waren. Denken Sie nun daran, ganz gleich, wie unspektakulär die Begebenheit Ihnen vorkommt – vielleicht saßen Sie einfach mit Ihrer Familie gemeinsam an einem Tisch. Es ist unwichtig, was es war, solange Sie es lebhaft vor Augen haben.

Nehmen Sie sich Zeit, um sich auszumalen, wie Sie in einer solchen Situation wirken. Wie sehen Sie aus, wenn Sie selbstbewußt sind? Welche Kleider tragen Sie? Was für einen Gesichtsausdruck haben Sie? Hören Sie, was Sie zu anderen sagen! Welchen Tonfall nimmt Ihre Stimme an? Welche Dinge sagen Sie zu sich, wenn Sie sich selbstbewußt fühlen? Was für ein Gefühl ist das, wenn man so selbstbewußt ist? Wo in Ihrem Körper macht sich dieses Gefühl bemerkbar?

Denken Sie daran, daß Sie das alles in Hypnose tun; aus diesem Grund wird Ihr ansonsten so kritisches Bewußtsein übergangen. Denken Sie also ganz intensiv an diese Begebenheit, bei der Sie sich ganz gelassen und Ihrer selbst sicher fühlten, legen Sie soviel Gefühl hinein, wie Sie können. Erleben Sie die Emotionen, die damit verbunden sind, und sagen Sie sich, daß Sie dieses Gefühl noch zehnmal verstärken werden. Erst wenn Sie das getan haben, können Sie sich einen körperlichen Auslöser schaffen.

Und das funktioniert so: Sie schließen langsam Ihre rechte Hand. Auf diese Weise halten Sie das Gefühl des Selbstvertrauens fest und bieten Ihrem Unterbewußtsein einen körperlichen Auslöser. Wenn Sie zukünftig diese Bewegung – und zwar ganz bewußt – machen, wird Sie Ihnen dieses Gefühl vollkommenen Selbstvertrauens wiederbringen.

Probieren Sie es einfach aus, und beobachten Sie die Wirkung an sich selbst. Je öfter Sie es praktizieren, desto besser wird die Wirkung sein.

Wie Sie Streß bewältigen

Die Affirmation

Reizwort: BEWÄLTIGUNG

Ich werde in Hypnose immer entspannter, diese Entspannung erfüllt mich ganz, und ich werde auch in meinem Alltag entspannter.

Ich weiß, daß diese Entspannung der Schlüssel zu einem gesunden Leben ist, je mehr ich mich also entspanne, desto gesünder werde ich.

Da meine Nerven stärker werden, werde ich innerlich stärker.

Da ich immer entspannter bin, bewältige ich mit Ruhe und Gelassenheit alle Situationen.

Alle meine Gedanken sind ruhig und gelassen, alle meine Gedanken sind positiv, deshalb habe ich ein neues Gefühl des Wohlbefindens.

Mein Geist ist entspannt, mein Körper ist entspannt, und ich sehe mich selbst viel positiver.

Je mehr ich mich auf diese Weise entspanne, desto selbstsicherer werde ich und desto besser kann ich mit allem fertig werden.

Ich habe jetzt ein klares Bild von mir vor Augen, und auf diesem Bild bewältige ich alles problemlos. Ich bin ganz ruhig, ganz entspannt und ganz optimistisch.

Zusatzübung

Wenn Sie sich in der Hypnose wirklich entspannen, wirklich das Gefühl haben, daß Sie alles bewältigen können, dann schließen Sie langsam Ihre linke Hand. Das wird Ihnen helfen, dieses Gefühl, diese Fähigkeit zur Bewältigung aller Probleme festzuhalten, und je häufiger Sie das Ganze praktizieren, desto wirkungsvoller wird es sein. Sie können es jederzeit zurückholen, indem Sie langsam Ihre linke Hand schließen. Vergewissern Sie sich, daß Sie immer dieselbe Hand benutzen. (Wenn Sie wollen, können Sie diesen Auslöser auch mit dem Auslöser für Selbstvertrauen kombinieren; so werden beide Auslöser entzündet, wenn Sie zusätzlich noch Ihre rechte Hand schließen.)

Anmerkungen

Streß ist etwas, was wir alle kennen. Doch fällt er uns gewöhnlich nur dann auf, wenn wir zuviel haben. Man könnte sogar sagen, daß uns ein gewisses Maß an Streß guttut, da er stark motivierend wirken kann. Die Art und Weise, wie wir damit umgehen, hat einen entscheidenden Einfluß auf unser Leben.

Wenn Sie je angenommen haben, es sei etwas Erstrebenswertes, vollkommen frei von Streß zu sein, dann denken Sie daran, daß man diesen Zustand auch als »Tod« bezeichnen könnte. Das Wort Streß fällt ziemlich oft und zwar im allgemeinen, wenn von »schädlichem Streß« die Rede ist.

Ein gewisses Maß an Streß ist jedoch nicht nur wünschenswert, sondern geradezu unentbehrlich. Nicht nur trägt eine erhöhte Adrenalinausschüttung dazu bei, bei Tätigkeiten wie Theaterspielen oder bei Vorstellungsgesprächen bessere Leistungen zu erbringen – nein, ohne sie wären wir auch gar nicht in der Lage, Vergnügen intensiv zu empfinden. Denken Sie zum Beispiel daran, wieviel Vergnügen es Ihnen verschafft, mit einer Achterbahn zu fahren, mit jemandem zu schlafen oder sich einen Horrorfilm anzusehen.

Wie also könnten wir Streß definieren? Von den vielen bestehenden Definitionen erscheint uns die folgende am zutreffendsten: »Streß ist eine Reaktion, die im Körper oder im Geist eines Menschen stattfindet, wenn dieser Mensch eine potentielle Bedrohung seines körperlichen oder emotionalen Wohlbefindens wahrnimmt.« (*Fight or Flight*, Huges und Boothroyd, 1985) Das maßgebliche Wort ist hierbei »wahrnimmt«. Wenn wir eine Situation nicht als stressig empfinden, dann ist sie es auch nicht.

Nicht die Bedrohung verursacht den Streß (und sie richtet auch nicht den Schaden an), sondern der Streß entsteht durch die Reaktion des menschlichen Körpers auf diese Bedrohung. Hier ein Beispiel: Einem Kind bereitet es Vergnügen, auf einen Baum zu klettern. Das hat etwas Aufregendes, Abenteuerliches, Gefährliches. Es kann ein großer Spaß für das Kind sein, in der Baumkrone zu sitzen und zu spüren, wie der Wind ihm um die

Nase weht. Doch nun stellen Sie sich die Mutter des Kindes vor. Die ganze Szene ist für sie alles andere als spaßig. Sie empfindet die Situation als potentiell gefährlich, und daher wird sie für sie äußerst nervenaufreibend sein. Mutter und Kind sind zwar in der gleichen Szene, doch nur die Mutter spürt den Streß, ihr Kind nicht.

Was sich in einer Streßsituation abspielt, ist sehr kompliziert. Immer wenn wir uns körperlich oder emotional bedroht fühlen, löst unser (unterbewußt aktiviertes) sympathisches Nervensystem eine »Kämpfe-oder-Fliehe«-Reaktion aus, was zunächst einmal einen erhöhten Adrenalinspiegel im Blut zur Folge hat. Der wiederum ruft mehrere Reaktionen hervor: die Muskeln spannen sich an (Schmerzen); unser Verdauungssystem schaltet ab (flaues Gefühl im Magen); das Blut wird von der Haut zum Muskelsystem umgeleitet (Blaßwerden); das thermostatische System tritt in Aktion (nervöses Schwitzen). Mit anderen Worten: Der Körper bereitet sich darauf vor, sich zu stellen und zu kämpfen oder wegzulaufen.

Natürlich kommen in unserer modernen Welt Situationen, die tatsächlich eine »Kämpfe-oder-Fliehe«-Reaktion erfordern, nicht sehr häufig vor. Doch weil unser elementarer Überlebensinstinkt so stark ist, reagieren wir auf eine (wirkliche oder eingebildete) Bedrohung immer noch genau so wie unsere prähistorischen Vorfahren. Wie bereits gesagt, löst das sympathische Nervensystem die »Kämpfe-oder-Fliehe«-Reaktion aus, aber da es das Wesen der Natur ist, immer wieder für einen Ausgleich zu sorgen, stellt ein anderer Teil unseres Nervensystems unser körperliches Gleichgewicht wieder her: das parasympathische Nervensystem. Die sexuelle Erregung beispielsweise wird vom sympathischen Nervensystem kontrolliert, der Orgasmus vom parasympathischen Nervensystem.

Unsere Nervensysteme werden hervorragend mit plötzlich eintretenden, äußerst stressigen Situationen fertig, und das Gleichgewicht wird gewöhnlich sehr bald wiederhergestellt. Aber das moderne Leben ist komplexer – plötzliche Bedrohungen sind sehr selten geworden; und wir müssen vielmehr lernen, mit ständigen Belastungen umzugehen: Großstadtleben, Verkehrsstaus, Terminen, aggressiver Werbung und so weiter. (Die Liste könnte beliebig fortgesetzt werden.)

Wenn wir also über einen längeren Zeitraum hinweg einem geringen Maß an Streß ausgesetzt sind, dauert der Kampf um die Wiederherstellung des Gleichgewichts viel länger als ursprünglich vorgesehen und wird immer heftiger, bis sich ein Kräfteverfall bemerkbar macht. Hält die belastende Situation an, können Krankheiten wie Herzinfarkt, Schlaganfall, Geschwüre, Depressionen, Panikattacken und Krebs auftreten. Die Menschen reagieren sehr unterschiedlich auf Streß, aber reagieren tun wir – auf die eine oder andere Weise – alle.

Nehmen wir einmal an, Sie sind in Ihrer Partnerschaft oder mit Ihrer Arbeit unglücklich und unterdrücken diese schmerzlichen Gefühle, da Sie der Ansicht sind, daß Sie die Situation nicht ändern können; in diesem Fall erfahren Sie Streß auf der unterbewußten Ebene. Wenn Sie glauben, daß Sie am besten damit umgehen, indem Sie das Problem »nicht mehr beachten«, dann bedenken Sie, daß Sie es nur aus Ihrem Bewußtsein verdrängen. Mit anderen Worten, Sie sind sich über den Überlebenskampf, der in Ihrem Inneren stattfindet, gar nicht im klaren. Ein Mensch kann über Jahre hindurch in solch einer Situation verharren, ohne zu begreifen, welchen Schaden er sich damit zufügt.

Unserer Meinung nach haben, wenn nicht alle, so doch die meisten körperlichen Leiden eine psychologische Seite. Sogar die Schulmedizin scheint immer mehr mit diesem Denkansatz übereinzustimmen und widmet der Rolle, die Streß bei einer Krankheit spielen kann, zunehmend Aufmerksamkeit. Hoher Blutdruck – ein in unserer Gesellschaft häufig anzutreffendes Leiden – rührt oft von langwährendem mäßigem Streß her und wird gewöhnlich gar nicht entdeckt. Da die Streßreaktion eine schädliche Wirkung auf das Immunsystem hat, kann die Neigung zu Erkältungskrankheiten (wie Grippe und ähnliches) ein Anzeichen für bestehenden Streß sein.

Wann immer von Streß die Rede ist, fällt meistens auch das Wort Entspannung. Und sicher wirkt Entspannung an sich schon therapeutisch. Doch um noch einmal auf unseren Vergleich mit dem Auto zurückzukommen: Wollten Sie mit Hilfe von Entspannungstechniken die Streßauswirkungen bekämpfen, wäre es ein wenig so, als zeigten Sie jemandem, der mit seinem Wagen schon mehrmals gegen eine Mauer gefahren ist, allein wie er seine kaputte Karosserie reparieren kann. Wir meinen, es wäre wesentlich besser, wenn es ihm gelänge, überhaupt nicht gegen die Mauer zu fahren!

Um noch einmal zusammenzufassen: Der Streßmechanismus ist direkt mit unseren festgefügten Vorstellungsmustern verbunden, da eine Situation nur dann stressig ist, wenn wir sie als potentiell bedrohlich empfinden. Unsere Vorstellungsmuster sind in unserem Unterbewußtsein verankert; durch Anwendung von Hypnose, dem direktesten Zugang zum Unterbewußtsein, können wir sie umgestalten und unsere Reaktion auf potentiell belastende Situationen verändern.

Wie Sie Ihr Gewicht kontrollieren

Die Affirmation

Reizwort: SCHLANKE FIGUR

Da ich mich immer mehr entspanne, merke ich, daß ich allmählich die Kontrolle über meine Eßlust und über mein Leben bekomme.

Da ich mehr Achtung vor mir selbst und meinem Körper habe, beschließe ich, nur das zu essen, was mein Körper braucht.

Ich weiß, daß leichte, bekömmliche, gesunde Nahrung den Körper leicht, schön und gesund macht. Ich genieße es mehr und mehr, kalorienarme, gesunde Nahrung zu essen.

Ich esse kleinere Portionen, ich esse zu regelmäßigen Zeiten, und es erfüllt mich mit großer Befriedigung, daß ich auf diese Weise die Kontrolle über mich gewonnen habe.

In meiner Vorstellung bin ich schlank, fit, gesund und ganz gelassen. Ich habe dieses Bild von meinem neuen Ich immer vor Augen, besonders wenn ich morgens aufstehe, bevor ich mich abends schlafen lege, und auch, ehe ich etwas esse.

Ich bin beglückt über die Art und Weise, in der ich mich jetzt sehe, und ich freue mich auf den Tag, an dem das neue Ich tatsächlich mit dem positiven Bild verschmilzt.

Wenn ich einmal an Essen denken, obwohl ich weiß, daß dies nicht der richtige Zeitpunkt dafür ist, dann lege ich einfach meine Hand auf meinen Magen und denke die Worte: »SCHLANKE FIGUR«. Das gibt mir augenblicklich ein Gefühl innerer Befriedigung, so daß ich weiß, ich brauche nicht zu essen.

Zusatzübungen

• Diese Affirmation schließt einen körperlichen Auslöser mit ein. Wenn Sie zu einer unpassenden Zeit Hunger verspüren, legen Sie einfach Ihre Hand auf Ihren Magen und denken Sie die Worte: »SCHLANKE FIGUR«.

• Stellen Sie sich in Hypnose die Nahrungsmittel vor, von denen Sie wissen, daß Sie sie nicht essen sollten, wenn Sie schlank werden wollen: dickmachende Speisen, die Sie unnötigerweise gegessen haben, und insbesondere jene Lebensmittel, nach denen Sie möglicherweise sogar süchtig sind. Halten Sie sich dieses Bild deutlich vor ihr inneres Auge, rahmen Sie es ein, und dann streichen Sie es mit einem großen, schwarzen Kreuz durch. Indem Sie dies tun, geben Sie Ihrem Unterbewußtsein die Information, daß diese Kost nicht mehr gut und nicht mehr notwendig ist.

Anmerkungen

Während Sie dünner werden, sollten Sie nie denken: *»Ich ›verliere‹ Gewicht.«* Wer will schon gerne etwas *verlieren*? Denken Sie statt dessen, daß Sie eine schlankere Figur *bekommen.*

Zweifelsohne kann man nur weniger wiegen, wenn man weniger ißt, doch jeder, der einmal mit Gewichtsproblemen gekämpft hat, weiß, daß dies leichter gesagt als getan ist; Sie spüren instinktiv, daß ein Teil Ihres Geistes stärker als Ihre Willenskraft ist. Natürlich ist dieser Teil Ihr Unterbewußtsein, und es hat seine eigenen Gründe, weshalb es dafür sorgt, daß Sie übergewichtig bleiben. Ehe diese Gründe gefunden sind, ist es schwierig, Sie darauf einzustellen, sich gesund zu ernähren. Lassen Sie uns einmal genauer sehen, welche Gründe das sein könnten; im Laufe unserer Arbeit mit Patienten stoßen wir immer wieder auf ähnliche Motive.

• Essen, um Aufmerksamkeit zu erlangen. Ein gutes Beispiel hierfür gab eine Patientin, die, als man sie im Hypnosezustand fragte, warum sie übergewichtig sei, antwortete, sie wolle damit Aufmerksamkeit erregen. Während sie diese Worte aussprach, bekam ihr Gesicht einen zweifelnden Ausdruck, ganz offensichtlich stand ihr Bewußtsein im Widerspruch zu dem, was ihr Unterbewußtsein sagte. Hinterher war sie selbst sehr erstaunt über ihre Aussage, und sie meinte: *»Ich kann kaum glauben, daß ich das gesagt habe.«* Doch verriet eine kurze Rückführung in ihre Kindheit, daß ein Lehrer bei einem Schulkonzert, an dem sie teilnahm, einmal zu ihr gesagt hatte: *»Du stehst auf der Mitte der Bühne, da du die größte bist und dich so jeder sehen kann.«* Es erschien ihr also äußerst erstrebenswert, im Mittelpunkt der Aufmerksamkeit zu stehen, und ihr Unterbewußtsein klammerte sich an den Gedanken, daß wenn sie groß und dick wäre, auch viel beachtet würde. Folglich sorgte ihr Unterbewußtsein dafür, daß sie dick blieb und durch zu vieles Essen immer dicker wurde. Ganz gleich, wie viele teure Diäten sie machte, ganz gleich, wie oft sie schon abgenommen hatte, sie würde immer wieder in ihre alten Gewohnheiten zurückfallen, die garantierten, daß sie »groß« blieb. Sobald der Patientin bewußt war, warum ihr Unterbewußtsein in dieser Weise programmiert worden war, konnte sie ihr Problem umgehend lösen.

- Essen, um sich zu trösten. Ein Beispiel für dieses Syndrom war eine sehr korpulente Frau. Sie erinnerte sich – als man sie in den Lebensabschnitt als Vierjährige zurückführte, daß sie allein auf dem Hof spielte, da ihr älterer Bruder sehr krank war und alle Familienangehörigen sich im Hause befanden, um ihn zu pflegen. Sie litt unter Langeweile und fühlte sich vernachlässigt. Da sah sie ein paar Äpfel auf dem Boden liegen, die von einem mit Früchten behangenen Baum gefallen waren, und sie beschloß, sie zu essen. Daraufhin fühlte sie sich sofort besser. Ihr Eßprogramm war tatsächlich innerhalb dieser wenigen Minuten festgelegt worden – wenn sie sich in späteren Jahren langweilte oder vernachlässigt fühlte, aß sie wieder, um sich zu trösten.

- Essen, um sich zu schützen. Eine Frau erzählte uns, daß sie als Kind über mehrere Jahre hinweg sexuell mißbraucht worden war. In dieser Zeit ging ihr immer wieder der Gedanke durch den Kopf: *»Wenn ich dicker bin, kann niemand mehr so etwas mit mir machen.«* Selbstverständlich tat sie alles, um dicker zu werden, auch als Erwachsene noch. Sie nahm gewaltig zu, wodurch sie unbewußt sicher sein konnte, daß niemand sie sexuell attraktiv finden und darum auch keinen Sex mit ihr anstreben würde.

In all diesen Fällen konnte problemlos eine Veränderung des im Unterbewußtsein angesiedelten Programms erfolgen, nachdem der Grund auf der bewußten Ebene bekannt war.

Wie Sie das Rauchen aufgeben

Die Affirmation

Reizwort: UNABHÄNGIGKEIT

Da ich mich mehr und mehr entspanne, wird mir bewußt, daß ich nicht rauchen muß.

Ich habe jetzt den festen Willen, gesund zu leben, mehr Energie zu haben, frei atmen zu können und die Kontrolle zu besitzen.

Wenn ich die Kontrolle übernehme, bin ich unabhängig von Zigaretten, unabhängig von Tabak, unabhängig von Nikotin. Auch habe ich dann die Freiheit, mein Leben auf gesunde Weise zu genießen. Ich bin wahrhaft stolz, daß ich mit einer ungesunden, widernatürlichen Gewohnheit gebrochen habe, und weiß, daß ich nun mehr Achtung vor meinem Körper habe.

Ich höre mich selbst »Nein, danke, ich rauche nicht« zu den Menschen sagen, wenn sie mir Zigaretten anbieten.

Ich genieße das Gefühl von Unabhängigkeit, das ich jetzt habe. Ich genieße es, frei atmen zu können und zu wissen, daß ich nicht mehr nach Tabak rieche. Ich weiß, daß meine Zähne weißer sind und daß ich in jeder Hinsicht viel gesünder bin.

Der einzige Ersatz, den ich für eine Zigarette brauche, ist ein langer, tiefer Atemzug. Je häufiger ich lange, tiefe Atemzüge mache, desto entspannter werde ich; ich brauche keine andere Befriedigung.

Jeden Tag bin ich entschlossener, Nichtraucher(in) zu werden.

Ich habe von mir jetzt ein klares Bild als Nichtraucher, als Exraucher, als Mensch, der die Kontrolle übernommen hat. Ich sehe, daß ich gesünder wirke, meine Haut strahlt, mein Haar seidig glänzt, mein Körper entspannt ist und ich sehr attraktiv bin.

Zusatzübung

Wenn Sie auf Ihrer Gartenbank in dem imaginären Garten sitzen, während Sie die Kassette anhören, stellen Sie sich vor, daß Sie neben sich einen Haufen Zigaretten sehen können – einen riesigen Haufen aus all den Zigaretten, die Sie je in Ihrem Leben geraucht haben. Diese Zigaretten gehören nun der Vergangenheit an, sie sind buchstäblich in Rauch aufgegangen, zusammen mit dem Geld, das Sie dafür ausgegeben haben. Sobald Ihnen wirklich klar geworden ist, wie viele Zigaretten auf dem Haufen liegen, lassen Sie das Bild langsam verschwinden.

Nun lassen Sie einen anderen Haufen Zigaretten neben sich auftauchen. Er symbolisiert all jene Zigaretten, die Sie in Zukunft rauchen könnten, wenn Sie nicht sofort das Rauchen aufgäben. Sie wissen, daß Sie diese Zigaretten nicht wirklich wollen, sie nicht wirklich brauchen, daher ist es an der Zeit, daß Sie sie aus der Welt schaffen. Beschließen Sie jetzt, sie hier im Garten zu verbrennen. Sehen Sie zu, wie das Feuer auflodert, wie der dicke schwarze Rauch mit einem Windstoß fortweht, fort von Ihnen, von Ihren Lungen, fort von dem Garten, aus Ihrem Leben hinaus. Beobachten Sie, wie jede einzelne Zigarette zu Asche wird.

Jetzt, wo sich auch das letzte Rauchwölkchen verzogen hat, werden Sie sich des Gartens wieder bewußt, fühlen Sie die frische, saubere Luft, die Sie einatmen können, die Frische des Grases und der Blumen und Ihre eigene Frische und Sauberkeit.

Jedesmal wenn Sie diese Übung machen, geben Sie Ihrem Unterbewußtsein die ganz präzise Anweisung, daß Zigaretten nun etwas sind, was der Vergangenheit angehört, und daß dies so bleiben wird.

Anmerkungen

Es kann eine geraume Weile dauern, Ihr Unterbewußtsein neu zu programmieren, damit es eine alte Gewohnheit, die manchmal schon zur Sucht geworden ist, ablegt. Die meisten Menschen versuchen das Rauchen durch eigene Willenskraft aufzugeben, was bedeutet, daß ein großer Teil ihres Geistes – in anderen Worten: ihres Unterbewußtseins – im Konflikt mit dieser Willenskraft steht. Ist das der Fall, greifen die Leute gewöhnlich zu einem Ersatzstoff in Form von zusätzlichem Essen, Drogen oder Alkohol (was als »orale Befriedigung« bezeichnet wird). Doch wenn Sie Hypnose anwenden, stehen Sie mit dem Teil Ihres Geistes in Verbindung, der Ihre Gewohnheiten kontrolliert; daher werden Sie viel eher Erfolg haben, ganz gleich, wie oft Sie in der Vergangenheit vergeblich versuchten, mit dem Rauchen aufzuhören.

Ihre Geisteshaltung, das heißt die Worte, die Sie in Gedanken verwenden, sind hierbei von äußerster Wichtigkeit. Versuchen Sie zum Beispiel nicht zu denken, daß Sie das Rauchen *aufgeben*. Niemand *gibt* gerne irgend etwas *auf*. Denken Sie stattdessen daran, wie gut es wäre, von einer gefährlichen und ungesunden Gewohnheit *befreit* zu sein.

Es gibt noch einen weiteren Auslöser, der Ihnen vielleicht von Nutzen sein kann, insbesondere, da die meisten Raucher, die auf dem Weg sind, zu Nichtrauchern zu werden, nach einem Ersatz suchen. Häufig besteht dieser Ersatz in zusätzlichem Essen. Ein wesentlich gesünderer Ersatz ist dagegen zusätzlicher Sauerstoff; den können Sie sich verschaffen, indem Sie einen langen, tiefen Atemzug machen und beim Ausatmen das Wort UNABHÄNGIGKEIT zu sich sagen. Da dies ein verbaler *und* körperlicher Auslöser ist, wirkt er doppelt so stark.

Zudem existieren mehrere praktische Möglichkeiten, die man zusätzlich zu Hilfe nehmen kann, wenn man mit dem Rauchen aufhören möchte. Einige sind im folgenden aufgelistet; wählen Sie die aus, die Ihnen Ihrem Gefühl nach am besten dienen könnten.

- Putzen Sie sich regelmäßig die Zähne – das verhilft zu einem frischen Atem.
- Nehmen Sie öfter eine Dusche – dabei kann man nicht rauchen!
- Trinken Sie viel Wasser, sechs bis acht Gläser täglich. Das hilft, Nikotin und Toxine aus Ihrem Körper zu schwemmen.
- Frühstücken Sie baldmöglichst nach dem Aufstehen. Das bringt Ihren Blutzuckerspiegel auf natürliche Weise ins Gleichgewicht, wohingegen Zigaretten ihn auf künstliche und ungesunde Weise in die Höhe treiben.
- Versuchen Sie, Alkohol, Tee, Kaffee und Coca-Cola zu vermeiden. Die letzten drei genannten Getränke enthalten das Stimulans Koffein, alle regen das Nervensystem an und haben in ihrer Wirkung eine starke Ähnlichkeit mit Zigaretten.
- Essen Sie soviel Obst und Gemüse wie möglich – auch das kann dazu beitragen, den Körper von Toxinen zu befreien.

• Nach einer Mahlzeit (dem Zeitpunkt, der als Auslöser für den Griff zur Zigarette fungieren kann) gehen Sie aus dem Haus (sofern das Wetter es erlaubt) und machen einen kleinen Spaziergang, atmen Sie dabei tief ein und aus. Machen Sie nicht den Fehler, sich nach dem Essen in Ihren Lieblingssessel (oder an einen anderen gemütlichen Platz) zu setzen, wo Sie gewöhnlich eine Zigarette rauchten.
• Nehmen Sie zusätzliche Vitamine zu sich, wie Vitamin-B-Komplex, der Ihre Nerven stärkt, und Vitamin C (da Sie beim Rauchen Vitamin C verlieren).
• Wenn Sie der unwiderstehliche Drang nach einer Zigarette überkommt, unterbrechen Sie kurz Ihre Tätigkeit, machen Sie einen langen, tiefen Atemzug, sagen Sie sich Ihr Reizwort. Denken Sie daran, daß es Ihr Ersatz für das Inhalieren von Tabakrauch ist.
• Die Taktik der Verzögerung ist etwas sehr Nützliches für werdende Nichtraucher. Wenn die nächste Zigarette eine Weile hinausgeschoben werden kann – und dieser Zeitraum sich dann erheblich ausdehnt –, kommen Sie vielleicht überhaupt nie mehr dazu, eine in die Hand zu nehmen! Wenn Sie einen Augenblick nachdenken, fallen Ihnen wahrscheinlich eine ganze Reihe von Dingen ein, die Sie solange aufgeschoben haben, daß sie niemals erledigt wurden.

Denken Sie daran, daß Tausende von Menschen jeden Tag an den Folgen des Rauchens sterben. Wieviel Leid ist damit verbunden, nicht nur für die Raucher, sondern auch für ihre Angehörigen! Ebenso sollten Sie nicht vergessen, daß mit Ihnen viele tausend Menschen jedes Jahr zu rauchen aufhören, manche nachdem sie Jahre oder sogar Jahrzehnte geraucht haben. Was denen gelingt, können Sie auch! Ebenso möchten wir Sie daran erinnern, daß Rauchen oft mit einem emotionalen Mangel einhergeht. Fragen Sie sich selbst, was es für Sie bedeutet.

• Macht es Streß erträglicher?
• Hilft es Ihnen über Kummer hinweg?
• Hilft es Ihnen, Ihr Gewicht zu kontrollieren?
• Hilft es Ihnen, ruhig zu bleiben?
• Hilft es Ihnen, sich zu konzentrieren?
• Verdrängt es ungute Gefühle wie Ärger?

Aller Wahrscheinlichkeit nach haben Sie mindestens eine Frage mit Ja beantwortet. In diesem Fall sollten Sie natürlich herausfinden, warum Sie annehmen, daß Rauchen Ihnen hilft, ehe Sie überhaupt versuchen, damit aufzuhören. Mit anderen Worten: Der Versuch, ein Symptom zu beseitigen, hat keinen Sinn, wenn die tieferliegende Ursache weiterbesteht.

Und zum Schluß: Wollen Sie auch aus dem richtigen Grund mit dem Rauchen aufhören? Ihre Motivation muß stark sein; zum Beispiel wäre die Verbesserung Ihrer Gesundheit ein echter Ansporn. Wenn Sie daran denken, das Rauchen aufzugeben, nur weil jemand es Ihnen geraten hat oder Sie ständig dazu drängt, dann vergessen Sie das Ganze. Warten Sie, bis Sie es wirklich für sich selbst tun.

Wie Sie gut schlafen

Die Affirmation

Reizwort: GUT SCHLAFEN

Da ich mich während des Tages immer mehr entspanne, ist es nur natürlich, daß ich auch nachts entspannter bin.

Wenn die Schlafenszeit naht, entspannen sich mein Geist und mein Körper vollkommen. Alle Gedanken, die sich mit dem Heute oder Morgen beschäftigen, verschwinden aus meinem Geist, und ich fühle mich friedlich und schläfrig.

Ich rufe mir in Erinnerung, daß es mein angeborenes Recht ist, nachts gut zu schlafen. Ich erinnere mich daran, daß ich nur etwas zurückgewinne, was ich von meiner Geburt an mühelos zu tun pflegte: gut und friedlich zu schlafen.

Und da ich nun beginne, während der Nacht mühelos und friedlich zu schlafen, wache ich morgens ausgeruht auf und habe ein gutes Gefühl gegenüber dem bevorstehenden Tag.

Wenn ich bereit zum Schlafen bin, habe ich ein Bild vor meinem inneren Auge, auf dem ich friedlich schlafe. Ich sehe, wie meine Brust sich hebt und senkt, sehe, wie meine Augen geschlossen sind und mein Körper vollkommen entspannt ist: ein tiefer, gesunder Schlaf.

Wenn Schlafenszeit ist, habe ich keine Mühe, von der Hypnose in einen tiefen und erholsamen Schlaf hinüberzugleiten.

Zusatzübungen

Es wäre gut, wenn Sie beim abendlichen Zubettgehen die folgenden beiden Übungen machen würden:

• Lassen Sie sich auf Ihrer Gartenbank nieder und geben Sie die präzise Aufforderung an sich, daß Sie von der Hypnose in den Schlaf hinübergleiten werden.

• Stellen Sie sich vor, Sie zeichnen einen Kreis in den Himmel über den Bäumen, die den Garten umgeben. Über den Kreis schreiben Sie das Wort *Schlaf*. In den Kreis schreiben Sie die Zahl *1*. Dann radieren Sie diese Zahl aus und passen dabei gut auf, daß Sie nicht auch den Kreis dabei löschen. Dann schreiben Sie die Zahl *2* und so fort – Sie werden sehr bald fest schlafen.

Anmerkungen

Der erste Satz dieser Affirmation ist wichtig – erstens, weil er wahr ist, und zweitens, weil er etwas ausdrückt, was Sie bisher vielleicht nicht einmal in Erwägung gezogen haben. Es wäre gut, wenn Sie sich den Abschnitt über die Streßbewältigung noch einmal ansehen und daraufhin diese beiden Affirmationen kombinieren würden, um eine optimale Wirkung zu erzielen.

Wenn Sie in Ihrem Alltag mit Problemen überhäuft sind, dann werden Sie diese Probleme aller Wahrscheinlichkeit nach – bewußt oder unbewußt – mit ins Bett nehmen. Daher sollten Sie neben Ihrem Bett ein Notizbuch aufbewahren. Erstellen Sie eine Liste von Dingen, über die Sie sich im Laufe des Tages geärgert haben, und eine zweite Liste mit Dingen, die Sie morgen tun müssen. So verbannen Sie negative Gedanken aus Ihrem Geist, indem Sie sie niederschreiben.

Wenn Sie je Schlafprobleme hatten, erinnern Sie sich sicherlich, daß Sie, während Sie sich schlaflos im Bett herumwälzten, ständig daran dachten, nicht einschlafen zu können. Das ist der Grund für den letzten Satz dieser Affirmation: Es ist sehr wichtig, daß Sie sich vorstellen, wie Sie schlafen. Wir raten Ihnen deshalb: Versetzen Sie sich abends vor dem Zubettgehen in Hypnose und lenken Sie Ihre Gedanken auf etwas Positives, vielleicht eine malerische Landschaft oder Ihren eigenen imaginären Garten, der Ihnen mittlerweile sicherlich vertraut ist. Entspannen Sie Ihren Körper nach und nach.

Denken Sie daran, daß Sie, falls Sie die Angewohnheit hatten, Schlaftabletten zu nehmen, damit immer nur das Symptom behandelt haben (ja, Schlaflosigkeit ist ein Symptom). Indem Sie sich mit den Streßfaktoren in Ihrem Leben auseinandersetzen, indem Sie in einer positiveren Weise mit Ihren alltäglichen Problemen umgehen und indem Sie lernen, sich richtig zu entspannen, können Sie die Ursachen für dieses Symptom ausschalten.

Wir empfehlen Ihnen außerdem zu prüfen, ob körperliche Gründe für Ihre Schlaflosigkeit vorliegen könnten. Wenn Sie beispielsweise täglich zehn Tassen Kaffee trinken (womit Sie eine große Menge aufputschendes Koffein zu sich nehmen), dann werden Sie wahrscheinlich nachts nicht gut schlafen können, selbst wenn Ihre Hypnose noch so tief sein sollte. Und wenn Sie abends noch eine schwere Mahlzeit verzehren, muß Ihr Körper lange in die Nacht hinein die Nahrung verarbeiten. Der Verdauungsprozeß hält noch lange an, nachdem Sie zu Bett gegangen sind, und es ist gut möglich, daß damit auch der übrige Körper nicht zur Ruhe kommt.

Wenn Sie je versucht haben, mit Hilfe von Alkohol einzuschlafen, dürften Sie vielleicht bemerkt haben, daß er Sie zwar für eine Weile einschlummern läßt, Ihnen aber nur sehr selten den Schlaf für eine ganze Nacht, ja noch nicht einmal einen guten, erholsamen Schlaf bringt. Auch Nikotin ist ein starkes Stimulans, und – um es nicht unerwähnt zu lassen – auch in gewöhnlicher Schokolade ist in beträchtlichem Maße Koffein enthalten. Koffein, das in Schokolade, Kaffee oder Coca-Cola enthalten ist, kann sich noch vier oder fünf Stunden nach dem Genuß im Blut befinden.

Wie Sie positiv denken

Die Affirmation

Reizwort: POSITIV DENKEN

Da ich mich mehr entspanne, nehme ich die positiven Energien in mir selbst und um mich herum immer besser wahr, und ich werde mir meiner inneren Ressourcen zunehmend bewußt.

Ich weiß, daß ich, wenn ich positiver denke, auch in meinem täglichen Leben positiver werde.

Ganz bewußt betrachte ich alle Dinge in positiver Weise, denke über alles in positiver Weise und erlebe alles in positiver Weise.

Ich öffne meinen Geist, damit er alles, was in meinem Leben gut und positiv ist, akzeptiert. Es kommen mir neue Gedanken, wie ich meine Lebensqualität in jeder Hinsicht verbessern kann.

Ich vergebe mir selbst alle meine Fehler, die ich in der Vergangenheit gemacht habe, da ich weiß, daß ich aus diesen Fehlern lernen und mich so weiterentwickeln kann.

Ich freue mich auf jeden neuen Tag als eine Gelegenheit, mein Leben zu genießen und zu verbessern.

Ich habe jetzt ein sehr klares Bild von mir vor Augen, auf dem ich positiv, gelassen und selbstsicher aussehe, und ich bin der festen Überzeugung, daß ich immer so aussehen werde.

Zusatzübung

Während Sie in Hypnose sind, denken Sie an einige negative Gefühle, von denen Sie sich gerne befreien würden, wie Zorn, Frustration, Schuldgefühle und Groll. Machen Sie sich wirklich klar, daß Sie sich von all diesen Gefühlen verabschieden wollen, daß sie endgültig der Vergangenheit angehören und Sie nicht länger belasten.

Jetzt legen Sie all diese negativen Gefühle in eine Schachtel. Verschließen Sie sie mit einem Deckel, und beschließen Sie, die Schachtel und ihren Inhalt endlich loszuwerden. Sie können sie über eine Felsenklippe ins Meer werfen, Sie können sie tief vergraben, Sie können sie in die Luft sprengen, ja sogar verbrennen. Welchen Weg Sie auch wählen, vergewissern Sie sich, daß Sie sich ihrer ein für allemal entledigen.

Bedenken Sie, daß Sie wahrscheinlich eine ziemlich lange Zeit mit diesen negativen Gefühlen gelebt haben; daher ist es ratsam, diese Übung mehrmals zu machen, denn ein Teil jener negativen Gedanken ist tief in Ihnen verankert. Jedesmal wenn Sie die Übung machen, fühlen Sie sich ein wenig leichter, ein wenig freier, ein wenig positiver, bis Sie schließlich wissen, daß Sie sich der alten, negativen Gedanken entledigt haben und nun bereit sind, Ihren Lebensweg auf neue und positive Weise weiterzugehen.

Anmerkungen

Wahrscheinlich gibt es Hunderte Bücher über positives Denken; manche sind hervorragend geschrieben und enthalten ausgezeichnete Ideen, wie man es erreichen kann, in positiver Weise zu denken. Aber ist Ihr ganzes Denkmuster negativ geprägt, wird es kaum möglich sein, positiv zu denken – es ist, als wollte man gegen eine mächtige Strömung schwimmen, die einen nicht vom Fleck kommen läßt.

Positives Denken läßt sich nicht durch Willenskraft erzwingen; es ist unbedingt erforderlich, zusätzlich das Unterbewußtsein so zu programmieren, daß es positiv denkt. Einer der ersten Schritte ist demnach, sich von negativen Gedanken zu befreien. Daher empfehlen wir die Zusatzübung.

Wie Sie mit Hautproblemen umgehen

Die Affirmation

Reizwort: REINE HAUT

Da ich jeden Tag Selbsthypnose praktiziere, habe ich eine neue, entspannte Einstellung mir und anderen Menschen gegenüber. Da ich mich immer mehr entspanne, werden meine Nerven stärker und belastbarer, und meine Nervenenden beruhigen sich.

Und so verbessert sich mein Kreislauf, insbesondere die Durchblutung der Blutgefäße, die meine Haut versorgen; daher wird meine Haut besser ernährt und gesünder. Wenn ich je einmal den Drang verspüre, meine Haut zu kratzen, werde ich sogleich daran erinnert, daß dies nur eine alte Angewohnheit ist, die ich nun nicht länger brauche.

Je mehr ich mich entspanne, desto besser ist meine Haut; sie wird jeden Tag reiner und gesünder, und ich fühle mich immer wohler.

Mein eigener Selbstheilungsprozeß beschleunigt sich und erneuert die Zellen in meinem Körper, insbesondere die der Haut.

Ich sehe mich selbst mit einer wunderschönen, reinen Haut, genau so wie ich gerne sein möchte. Ich sehe fit und gesund, ruhig und entspannt aus.

Zusatzübung

Bieten Sie Ihre gesamte Vorstellungskraft auf und malen Sie sich aus, wie Sie in Ihren eigenen Körper hineingehen. Betrachten Sie Ihre Haut von innen, und ermitteln Sie, was Ihr Unterbewußtsein anstellen muß, damit sie geheilt wird.

Vielleicht müssen Sie die Blutversorgung erhöhen oder die Blutgefäße reinigen. Möglicherweise müssen Sie auch eine Stelle ausbessern. Nur Sie wissen, was notwendig ist, denn nur Sie können auf diese Weise in Ihren Körper schauen.

Glauben Sie uns, je häufiger Sie dies tun, desto klarer wird das Bild werden, und – ganz gleich wie »oberflächlich« oder sonderbar Ihnen dies erscheinen mag – denken Sie daran, daß Sie Ihrem Unterbewußtsein (in Bildern) die Anweisung für alles geben, was es für Sie tun soll.

Anmerkungen

Es gibt verschiedene Arten von Hautproblemen und jedes sollte anders behandelt werden. Hier hat man in der Vergangenheit viele Fehler gemacht. Beispielsweise wurde bei der »Psoriasis« (Schuppenflechte) dieselbe Behandlung angewandt wie bei Ekzemen (und umgekehrt). »Psoriasis« wird oft durch unterdrückten Ärger ausgelöst. Sie kennen sicherlich den Ausdruck »rot vor Ärger«; wenn Ärger also nicht verbal oder aktiv ausgedrückt werden kann, kommt er durch die Haut zum Vorschein, da er sich schließlich irgendwie bemerkbar machen muß. Ein Ekzem dagegen wird gewöhnlich durch einen Reizauslöser verursacht (dessen Ursache oft ein einziger Mensch ist).

Hoffentlich haben wir klargemacht, daß es nicht gut ist, nur das Symptom zu behandeln. Es wäre wichtig, daß Sie zunächst mögliche Gründe herausfinden, wobei Streß sehr wohl an erster Stelle stehen kann.

Wie Sie Asthma behandeln

Die Affirmation

Reizwort: MÜHELOS ATMEN

Da ich meine Selbsthypnose praktiziere, werde ich ruhiger und in jeder Hinsicht entspannter.

Da mein Geist entspannter ist, ist auch mein Körper entspannter. Meine Bronchien entspannen sich, meine Brustmuskeln entspannen sich, und meine Atmung wird immer leichter.

Ich atme regelmäßig in langen, tiefen Zügen, dabei fülle ich meine Lungenflügel mit frischer Luft, öffne meine Bronchien und reinige all meine Atemwege. Jedesmal wenn ich dies tue, spüre ich, wie mein Körper von aller Spannung frei wird, und ich fühle mich sehr wohl.

Meine Lungenflügel, meine Bronchien und alle meine Atemwege werden nun stärker und reiner und helfen mir, ruhig und mühelos zu atmen.

Je entspannter ich werde, desto besser fühle ich mich und desto leichter kann ich atmen, sowohl tags als auch nachts. Und die ganze Zeit fühle ich mich wohler.

Ich habe jetzt ein sehr klares Bild von mir vor Augen, auf dem ich fit und gesund aussehe, mühelos und ganz natürlich atme und alles ruhig und entspannt bewältige.

Ich bin immer mehr davon überzeugt, daß ich lerne, die Kontrolle über meinen eigenen Körper zu übernehmen.

Zusatzübung

Wenn Sie wirklich entspannt und absolut sicher sind, daß Ihre Atmung frei und mühelos ist, sagen Sie sich das Reizwort und legen Sie eine Hand leicht auf den oberen Teil Ihres Brustkorbs. Dies ist ein körperlicher Auslöser, den Sie zukünftig nutzen können. Sollten Sie also irgendwann einmal Atemprobleme haben, erinnern sich Ihr Körper, Ihre Bronchien und Ihre Atemwege jedesmal, wenn Sie Ihre Hand auf den Brustkorb legen, daran, wie frei und mühelos Ihre Atmung sein kann.

Achten Sie darauf, daß Sie immer dieselbe Hand nehmen und sie stets auf dieselbe Stelle Ihres Brustkorbs legen. Sie werden überrascht sein, wie wirkungsvoll das sein kann.

Anmerkungen

Asthma kann viele Gründe haben, aber am häufigsten sind wir bei möglichen psychologischen Ursachen auf das sogenannte »weinende Syndrom« gestoßen – mit anderen Worten: unterdrückte Tränen. Dies kann auch mit Ärger und Frustration verbunden sein. Deshalb ist es auch hier wieder wichtig, Ihr Leben auf diese Faktoren hin zu überprüfen, ehe Sie anfangen, an den Symptomen herumzudoktern.

Selbstverständlich müssen wir die umweltbedingten Ursachen für Asthma berücksichtigen. Umweltverschmutzung spielt eine nicht unwichtige Rolle, sei es durch Pollen in der Luft, durch die steigende Zahl von Verbrennungsmotoren, den Gebrauch chemischer Düngemittel oder durch Zusätze in der Nahrung und so weiter. Die Liste könnte um viele Seiten verlängert werden, aber in diesem Buch wollen wir uns auf die psychologischen Ursachen konzentrieren.

Neuere Untersuchungen über Asthma bei Kindern zeigen, daß von sieben Kindern gegenwärtig ein Kind an dieser Krankheit leidet. Das ist eine erschreckend hohe Zahl, doch wenn die Ursachen allein in der Umwelt begründet sind, warum leiden dann nicht alle daran? Tatsache ist, daß jedes Kind ein anderes Immunsystem besitzt. Auch hier sollten wir vielleicht fragen, warum das so ist. Es könnte an der genetischen Vererbung oder an der Umwelt liegen. Ebenso ist denkbar, daß das Immunsystem eines Menschen davon beeinflußt wird, wie er denkt und wie er sich emotional entwickelt. Wir sind der festen Überzeugung, daß letztere Erklärung am zutreffendsten ist.

Natürlich ist Asthma nicht nur auf Kinder beschränkt. Immer mehr Erwachsene sind heutzutage davon betroffen, und Streß könnte dabei eine nicht geringe Rolle spielen.

Bevor Sie also mit der hier gegebenen Affirmation arbeiten, überdenken Sie einmal Ihren Lebensstil, und bestimmen Sie die Streßfaktoren in Ihrem Leben. Fragen Sie sich, ob Sie zu den Menschen gehören, die nicht weinen können oder wollen. Und fragen Sie sich, ob Sie Ärger herauslassen oder eher zurückhalten; gibt es etwas, was Ihnen »schwer auf der Brust liegt«?

Wir haben zuweilen festgestellt, daß jemand wegen eines speziellen Vorfalls in der Vergangenheit Asthma bekam; und nur Rückführungsarbeit ermöglichte es, diesen Vorfall herauszufinden. Der Fall einer Frau, die wir vor Jahren behandelten, ist sehr aufschlußreich. Sie war damals etwa fünfunddreißig, und als sie in Hypnose gefragt wurde, ob ihr Asthma schon in ihrer Kindheit begonnen habe, ging sie in Gedanken bis ins Alter von drei Jahren zurück. Die Patientin erinnerte sich, daß sie, einige Tage nachdem ihre Mutter mit einem neuen Geschwisterchen aus dem Krankenhaus zurückgekehrt war, in das Zimmer gelaufen kam, in dem sich ihre Mutter und das Baby befanden. Sie alberte herum und wollte eben etwas zu ihrer Mutter sagen, als diese sie ganz plötzlich anfuhr und ihr in harschen Worten sagte, das Baby schliefe, sie habe sich deshalb still zu verhalten. Der Schock darüber, daß man sie ausgescholten hatte, war so stark, daß sie nach Luft schnappte; ihre zuerst fröhliche Stimmung sank auf den Nullpunkt. Dieses durch Erstaunen ausgelöste Luftschnappen und der Schock für ihren Atmungsapparat lösten eine Kettenreaktion aus. Zukünftig schnappte die Patientin nach Luft, wenn sie aufgeregt war, und dies wurde schließlich zu einer Angewohnheit, die sich zu einem richtiggehenden Asthma herausbildete.

Wie Sie eine leichte Geburt haben

Die Affirmation

Reizwort: LEICHTE GEBURT

Da ich eine leichte und problemlose Geburt haben möchte, lasse ich nun zu, daß Gefühle der Entspannung und erhöhtes Selbstvertrauen Teil meines täglichen Lebens werden.

Ich weiß, daß mein Geist meinen Körper kontrolliert, und da ich mich gedanklich entspanne, entspannen sich auch die Muskeln in meinem Körper. Die Zeit, die ich täglich in Entspannung verbringe, bereitet mich auf die Geburt meines Babys vor; wenn der Moment gekommen ist, werde ich ganz entspannt eine natürliche Geburt genießen.

Jeden Tag, den ich entspannt verbringe, spreche ich mit meinem Baby und erzähle ihm alles, was es wissen muß, beruhige es und bereite es auf dieses wunderbare Ereignis vor.

Wenn die Zeit der Geburt kommt und die Wehen einsetzen, begrüße ich sie, erlebe ich sie ganz bewußt und weiß, daß jede einzelne mich meinem Baby näherbringt. Die Wehen machen mir nichts aus, weil ich so entspannt bin.

Ich rufe mir täglich in Erinnerung, daß alles, was ich erlebe, ein vollkommen natürliches Ereignis ist, und ich freue mich auf die Zukunft, auf das neue Leben, das in mir wächst, und auf das neue Leben, das ich mit meinem Baby teilen werde.

Zusatzübung

Wenn Sie über mehrere Tage hinweg Ihre Selbsthypnose praktiziert haben und es Ihnen wirklich gelingt, einen Entspannungszustand zu erreichen, können Sie sich selbst einen körperlichen Auslöser geben, den Sie während der Entbindung benutzen können.

Erst wenn Sie das Gefühl haben, daß Sie hundertprozentig entspannt sind, streicheln Sie Ihren Bauch sanft mit der Hand. Sagen Sie sich, daß Ihr Streicheln Ihnen augenblicklich Erleichterung, Entspannung und ein Gefühl vollkommener Kontrolle bringt.

Wenn Sie Ihren Ehemann (oder Partner) an der Geburtsvorbereitung teilhaben lassen wollen, können Sie sich die Suggestion geben, daß Sie dasselbe Gefühl empfinden, wenn er Ihren Bauch oder Rücken streichelt.

Das soll nicht heißen, daß Sie die Wehen nicht spüren werden. Es ist sogar wichtig, daß Sie sie spüren, damit Sie bei der Geburt mitarbeiten können, doch müssen sie nicht schmerzhaft sein.

Anmerkungen

Die Erwartung, daß eine Geburt schmerzhaft zu sein hat, haben wir großenteils den »Altweibergeschichten« zu verdanken. Über unzählige Generationen hinweg wurde diese negative Programmierung von Mutter zu Tochter und von Freundin zu Freundin weitergegeben und ist somit Teil unserer Kultur geworden. Deswegen ist es wichtig, daß man eine Frau während der pränatalen Phase auf den Geburtsprozeß vorbereitet und ihn in allen Einzelheiten erläutert.

Es ist eine Tatsache, daß unser Körper seine eigenen chemischen Stoffe zur Schmerzverhinderung erzeugen kann. Es sind dies die Endorphine und die Enkephaline, die dieselben chemischen Eigenschaften wie das Morphin aufweisen. Da wir Hypnose anwenden und deshalb Zugang zum Unterbewußtsein haben, das die Aktivierung dieser natürlichen Schmerzmittel ermöglicht, sind wir auch imstande, ihre Erzeugung zu fördern.

Wir wissen, daß Spannungszustände Schmerzen verschlimmern, ja oft erst auslösen. Indem Sie sich entspannen, gewinnen Sie die Überzeugung, daß Sie die Kontrolle über Ihren Körper haben und daß eine Geburt ein natürlicher Prozeß ist; und damit sind Sie schon auf dem besten Weg, eine innere Einstellung anzunehmen, die Ihnen sagt, daß eine Geburt reibungslos verlaufen kann. Und in der Tat kann und sollte sie ein freudiges Ereignis sein.

Forschungen, die Dr. Jenkins und Dr. Pritchard in England durchführten, ergaben, daß bei Frauen, die während ihrer ersten Schwangerschaft Hypnose anwandten, die Dauer der ersten Geburtsphase erheblich kürzer war als normalerweise. Zudem brauchte ein großer Prozentsatz von den Frauen, die Hypnose praktizierten, in den späteren Phasen keine chemische Betäubung. Die genannten Ergebnisse wurden im *British Journal of Obstetrics and Gynaecology* im März 1993 veröffentlicht.

Ein weiterer wichtiger Vorteil, den die Hypnose gegenüber herkömmlichen Schmerzmitteln hat, besteht darin, daß das Baby durch keinerlei chemische Betäubungsmittel beeinträchtigt oder geschädigt werden kann. Bis das Kind geboren ist, erhält es Nahrung und Sauerstoff ausschließlich über die Mutter. Wenn diese lebensspendende Versorgung mit Betäubungsmitteln vergiftet ist, wird sich dies mit großer Wahrscheinlichkeit auch auf das Baby übertragen – kein guter Anfang für das Leben außerhalb des Mutterleibes! Praktiziert eine Frau während ihrer Entbindung Hypnose, wird ihre Reaktionsfähigkeit damit in keiner Weise eingeschränkt. Sie kann den Anweisungen der Hebamme oder des Arztes problemlos folgen und am ganzen Geschehen aktiv teilhaben, da sie bei vollem Bewußtsein ist.

Wie Sie Ihre Spiritualität erhöhen

Die Affirmation

Reizwort: SPIRITUALITÄT

Ich öffne nun meinen Geist, um all das zu akzeptieren und zu genießen, was gut und wunderbar in diesem Universum ist, von dem ich ein Teil bin.

Ich habe Anspruch darauf, Licht und Liebe zu empfangen, die in reichlichem Maße um mich herum vorhanden sind. Es ist mein angeborenes Recht, deshalb stehen sie mir zu.

Ich trage ständig die Vorstellung in mir, daß ich ein goldenes Licht anziehe und es dann über jeden Menschen, dem ich begegne, ausbreite.

Ich werde mir der Schönheit der Schöpfung und ebenso der Liebesenergie, die in mir und allen anderen Menschen ist, immer mehr bewußt.

Ich vertraue auf mein höheres Selbst und erkenne, daß ich eine beständige Sicherheit in mir habe, die mich führt.

Ich bin ein Kind des Universums, ich bin Teil dieser wundervollen Schöpfung, und ich bemühe mich jederzeit, in allen Dingen das Gute zu sehen.

Zusatzübung

Wiederum sitzen Sie auf Ihrer Gartenbank und sehen all die wunderschönen Dinge der Natur um sich herum: die Bäume, die Blumen, das Gras und die Weite des Himmels. Seien Sie ganz im Einklang mit Ihrer Umgebung.

Wenn Sie zum Himmel schauen, stellen Sie sich vor, daß Sie in einer goldenen Blase hinaufgetragen werden, steigen Sie langsam, leicht und natürlich nach oben, als würden Sie von einer unsichtbaren Hand gehoben. Schweben Sie gleichmäßig hinauf, weg von dem Garten und hinein in die unermeßliche Weite des blauen Himmels.

Schweben Sie höher und immer höher, bis der Garten unter Ihnen nur noch ein kleiner Fleck in der Ferne ist. In Ihnen ist ein Gefühl der Sicherheit und des Erstaunens; Sie fühlen sich erhaben, während Sie in diese anscheinend zeitlose Existenz höher und immer höher hinaufgetragen werden.

Sie fühlen sich warm und behaglich in Ihrer goldenen Blase, schauen zu den Sternen, die glänzender scheinen, als Sie sie je gesehen haben. Sie lenken Ihr Augenmerk auf einen ganz besonderen Stern, einen, der von einem goldenen Licht umgeben ist, und merken, daß Sie immer näher an ihn herankommen. Der Stern erinnert Sie an einen Ort, den Sie zuvor einmal betreten haben, und Sie brennen jetzt darauf, zu Ihrem Ziel zu gelangen.

Ihre Blase bringt Sie sicher zu dem Stern, und Sie werden sanft auf dem Platz vor einem weißen Kuppelgebäude abgesetzt. Dieses Gebäude scheint Ihnen von irgendwoher vertraut zu sein und ist von einem wunderschönen Garten umgeben.

Gehen Sie auf die offenen Türen des Gebäudes zu und treten Sie ein. Wieder sind Sie von einem goldenen Schein umgeben, und Sie blicken in verwundertem Staunen um sich. In Ihnen ist ein Gefühl von vollkommenem Frieden und von großer Ruhe. In der Mitte des Raumes, in dem Sie sich nun befinden, ist ein Stuhl, der – wie Sie instinktiv wissen – für Sie bereit steht.

Gehen Sie zu dem Stuhl, nehmen Sie darauf Platz und warten Sie. Sie warten und fühlen sich dabei wohl und geborgen. Ein Torbogen am Ende des Raumes erregt jetzt Ihre Aufmerksamkeit; darin steht eine weibliche Gestalt, die Ihnen bekannt vorkommt – eine Frau, die Ihnen das angenehme Gefühl vermittelt, zu Hause zu sein, und von der Sie wissen, daß Sie ihr vollkommen vertrauen können.

Sie fühlen, wie Liebe, Licht und Wärme von dieser Frau ausgehen. Alles scheint so natürlich zu sein und ruft entfernte Erinnerungen an etwas wach, was Sie vor langer Zeit erlebt haben. Die Gestalt kommt jetzt näher, und Sie wissen, daß keine Worte nötig sind, da bereits eine Verständigung zwischen ihnen besteht.

Sie wissen, daß Sie ihr jetzt gleich die Frage nach dem Ziel Ihres Lebens stellen werden; und Sie wissen instinktiv, daß dieser Geist, der Sie führt, in der Lage sein wird, sie zu beantworten – vielleicht mit Worten, vielleicht auch nur durch ein Gefühl oder ein Bild. Stellen Sie die Frage, die Ihnen ganz selbstverständlich in den Sinn kommt, und warten Sie auf die Antwort.

Es geht Ihnen auf, daß diese Frau schon immer ein Teil von Ihnen gewesen ist, immer in Ihrem Leben vorhanden war, um sie zu leiten, und immer für Sie da sein wird. Verweilen Sie eine Zeitlang an diesem wunderbaren Ort und genießen Sie den Frieden, die Ruhe und die liebende Wärme. Jetzt, da Sie den Weg gefunden haben, wissen Sie, daß Sie immer, wenn Sie es wünschen, dahin zurückkommen können.

Nach einer Weile kehren Sie zu Ihrer eigenen Umgebung zurück, zu dem Ort, wohin Sie auf Erden gehören. Lassen Sie sich sanft in Ihrer goldenen Blase zurückführen, durch die zeitlose Zone, die immer noch von jenem goldenen Licht umgeben ist, bis zu Ihrem Garten. Bringen Sie jenes Gefühl von Einklang mit dem höheren Selbst mit sowie das Wissen, das Ihnen helfen kann, die Reise Ihres Lebens fortzusetzen.

Anmerkungen

Man hat behauptet, Hypnose sei das Tor zum Gebet. Wir wollen das einmal ganz logisch betrachten.

Zuallererst haben wir ein Bewußtsein, das wir die meiste Zeit über ganz bewußt benutzen. Zweitens haben wir ein Unterbewußtsein, das Sie mittlerweile wahrscheinlich ganz gut kennen. Und drittens haben wir etwas, was als das »Überbewußtsein« bezeichnet werden könnte, oder auch als unser höheres Selbst, unser Verbindungsglied zum göttlichen oder kosmischen Bewußtsein, oder unsere Seele. Wie Sie sich das vorstellen wollen, liegt ganz bei Ihnen. Wir haben sicherlich nicht die Absicht, dazu dogmatische Meinungen zu vertreten; jeder findet hier seine eigene Sicht, entweder in der Hypnose oder in der alltäglichen Art zu denken.

Doch wir nähern uns nun einem neuen Jahrtausend, und es ist ganz offensichtlich, daß Tausende, ja Millionen Menschen auf der Suche sind nach jenem schwer erfaßbaren »Anderen«: jener Erleuchtung, jener Spur der göttlichen Kraft, jener Verbindung mit etwas, von dem wir wissen, daß es da ist, aber nicht recht wissen, wo wir es finden können.

Die meisten Menschen halten an den falschen Orten danach Ausschau. Sie suchen außerhalb ihrer selbst, reisen von einem Guru zum anderen, um das Geheimnis des Lebens zu finden; wir hingegen sind der festen Überzeugung, daß die Erleuchtung in jedem Menschen selbst ist.

Wenn die Erleuchtung schon in uns angelegt ist, wie könnte man sie besser finden als über den Weg, den Sie schon eingeschlagen haben, mit anderen Worten: über Hypnose und Ihr ureigenes Unterbewußtsein?

Sie wissen aus vorangegangenen Teilen dieses Buches, daß die Hypnose – unter anderem – als »veränderter Bewußtseinszustand« definiert wurde; von diesem veränderten Zustand aus muß es relativ leicht sein, zum nächsten weiterzugehen. Nutzen Sie die Affirmation und die Zusatzübung, um Ihr Unterbewußtsein darüber zu informieren, was Sie wollen, und setzen Sie beide ein, um Ihr höheres Selbst zu finden. Wie so oft der Fall, kommt der Erfolg mit der Praxis.

Wie Sie Ihr Gedächtnis verbessern

Die Affirmation

Reizwort: GUTES GEDÄCHTNIS

Alles, was ich erlebt habe, ist in meinem Unterbewußtsein gespeichert. Deshalb habe ich, je mehr ich mich entspanne, auch mehr Vertrauen in meine Fähigkeit, mich an alle Einzelheiten, die ich benötige, zu erinnern.

Je entspannter ich bin, desto mehr öffne ich den Kanal zu meinem Unterbewußtsein und desto leichter ist es, Informationen schnell und exakt abzurufen.

Mit jedem Tag, der vergeht, entspanne ich mich mehr. Dadurch bin ich imstande, mir Fakten und Zahlen besser als je zuvor ins Gedächtnis zu rufen: Ich entspanne mich einfach und lasse meinen Geist effizient für mich arbeiten; er hilft mir, mich zu konzentrieren und mich mühelos zu erinnern.

Ich bin sicher, daß ich mich auf mein Gedächtnis verlassen kann, daß es mir alle Fakten gibt, die ich brauche, und zwar genau in dem Moment, wo ich sie brauche. Ich genieße es, daß ich mich nun an alles jederzeit erinnern kann.

Da ich mich in dieser Weise entspanne, lasse ich mein Bewußtsein und mein Unterbewußtsein so zusammenarbeiten, daß es mir Vorteile und Nutzen verschafft.

Zusatzübung

Wenn Sie wieder auf Ihrer Gartenbank sitzen und Ihren Geist entspannt haben, beschließen Sie, Ihren Zustand noch einmal um denselben Grad zu intensivieren – vielleicht indem Sie die Linealtechnik anwenden, die wir im fünften Kapitel erläutert haben. Führen Sie sich selbst hinunter zu Ihrer optimalen Entspannungsebene.

Sobald Sie dort auf einer Ebene, auf der Sie sich wohlfühlen, angelangt sind, stellen Sie sich ganz intensiv vor, daß Sie in Ihren Kopf hineingehen, um den Gedächtniskanal zu finden, der Ihr Bewußtsein mit dem Unterbewußtsein verbindet. Möglicherweise nehmen Sie ihn als Röhre oder schmalen Weg wahr (was immer Ihnen richtig erscheint, ist passend). Schauen Sie nach, ob der Gedächtniskanal frei ist, damit er die Information aufnehmen kann, die Sie abrufen wollen. Vielleicht sehen Sie »Schutt« oder irgendwelche Hindernisse – was immer es ist, beseitigen Sie es, und geben Sie Ihrem Unterbewußtsein die strikte Anweisung, daß Sie nur positive Erinnerungen ins Gedächtnis zurückgeholt haben wollen.

Das ist eine starke und mächtige Visualisierung, achten Sie deshalb darauf, daß Sie dabei ganz präzise sind. Denken Sie daran, daß das Unterbewußtsein gewisse Erinnerungen zu unserem Schutz verbirgt – wir würden buchstäblich verrückt werden, wenn wir uns an alles erinnern könnten, was uns je passiert ist. Auch wäre es gut, sich klarzumachen – falls Sie es nicht schon getan haben –, daß das Unterbewußtsein seine eigene Logik hat; Erinnerungen werden oft in Form von Gegenständen oder Bildern abgerufen.

Anmerkungen

Was das Gedächtnis betrifft, gibt es ein weit verbreitetes Mißverständnis. Wenn wir Schwierigkeiten haben, uns an Fakten und Zahlen zu erinnern, sagen wir häufig Dinge wie *»Ich habe ein furchtbar schlechtes Gedächtnis«* oder *»Ich habe kein Gedächtnis für...«*. Doch im Grunde ist unser Gedächtnis hervorragend, nur das Abrufen funktioniert vielleicht nicht sehr gut.

Es ist dasselbe wie mit so vielen anderen negativen Affirmationen: Je öfter wir uns solche Dinge sagen, desto mehr bestätigen wir unsere Unfähigkeit zur Erinnerung – tatsächlich werden solche Sätze dann zu Prophezeiungen, die sich automatisch erfüllen. Haben Sie je bemerkt, wie mühelos Sie Einzelheiten über Themen, für die Sie sich interessieren, lernen und wie problemlos Sie sich auch nach langer Zeit daran erinnern? Andererseits macht es Ihnen – wie den meisten von uns – wahrscheinlich größte Mühe, Ereignisse zu rekapitulieren, die Sie langweilig fanden.

Es gibt Menschen, die behaupten, sie hätten keinerlei Schwierigkeiten, sich Fakten einzuprägen oder sie wieder abzurufen... bis, ja bis Sie unter starken Druck geraten (in einer Prüfungssituation, zum Beispiel). Dann haben sie »ein Brett vor dem Kopf« und können sich mit einem Mal an nichts mehr erinnern. Das ist der Grund, warum man einen Rat befolgen sollte, der Studenten vor Prüfungen oft gegeben wird: Beantworten Sie die leichten Fragen zuerst. Das bringt Studenten dazu, sich allmählich wieder zu erinnern und nicht in vollkommene Panik zu geraten. Die meisten Menschen können sich wahrscheinlich an irgendeine Situation erinnern, wo sie, Nägel kauend, über einem Prüfungsbogen saßen und ihnen eine bestimmte Antwort partout nicht einfallen wollte. Nachdem sie schließlich den Raum verlassen und draußen begonnen hatten, sich zu entspannen, kamen ihnen alle Antworten, die sie benötigt hätten, wie durch Zauberei in den Sinn. Wäre es da nicht besser gewesen, sich vor und während der Prüfung zu entspannen? Hier hätte Selbsthypnose helfen können!

Da wir eben vom Studieren sprechen, hier noch ein guter Tip: Versetzen Sie sich in Hypnose, ehe Sie anfangen, zu arbeiten. Geben Sie Ihrem Unterbewußtsein die Anweisung, es solle sich für eine bestimmte Zeit – sagen wir eine Stunde – auf Ihr Studium konzentrieren, und verbringen Sie danach etwa fünf Minuten in Hypnose, wo Sie Ihren Körper und Ihren Geist entspannen, ehe Sie beginnen.

Zum Schluß sei noch gesagt: Je mehr Sie diese Techniken üben und je entspannter Sie werden, desto schneller werden Sie Zugang zu allen notwendigen Informationen haben, die Sie zu einer bestimmten Zeit brauchen. Sobald Sie merken, wie gut sich diese neue Methode bewährt, werden Sie besser damit zurechtkommen und durch ihre Anwendung leistungsfähiger werden.

Wie Sie sich selbst heilen

Die Affirmation

Reizwort: GESUNDER KÖRPER

Da ich mir zugestehe, mich zu entspannen, entspannen sich auch alle Muskeln in meinem Körper.

Diese Entspannung bringt ein Gefühl des inneren Wohlbehagens mit sich, das mir guttut, mich beruhigt und heilt.

Diese Entspannung ermöglicht es mir, in jeder Hinsicht gesünder zu sein, wodurch meine heilenden Energien ungehinderter fließen können.

Je entspannter ich werde, desto besser sind mein Geist und mein Körper miteinander im Einklang. Sie stärken das Immunsystem, beruhigen meine Nerven und beleben jede meiner Körperzellen.

Ich beginne jetzt, mir selbst gegenüber ein besseres Gefühl zu entwickeln, da ich weiß, daß meine neue positive Einstellung dazu beiträgt, daß ich eine gute Gesundheit bekomme.

Je positiver ich in meinem Denken bin, desto mehr hilft mir mein Unterbewußtsein, wieder eine gute Gesundheit zu erlangen.

Ich habe von mir nun ein sehr deutliches Bild vor meinem inneren Auge, auf dem ich so bin, wie ich sein möchte. Ich sehe fit, gesund und entspannt aus – ich strotze geradezu vor Gesundheit. Ich rufe mir dieses Bild beständig ins Gedächtnis, damit ich mich genau daran erinnere, was ich für mich will.

Zusatzübung

Bringen Sie sich auf die für Sie optimale Hypnoseebene (mit Hilfe des Lineals) und stellen Sie sich ganz intensiv vor, daß Sie sich dem Teil Ihres Körpers zuwenden, der Aufmerksamkeit benötigt. Gehen Sie wirklich ins Innere und erforschen Sie die Stelle, die ausgebessert oder ersetzt werden muß. Veranlassen Sie Ihr Unterbewußtsein, Ihnen Vorschläge dazu zu machen, was getan werden sollte.

Lassen Sie uns vorab sagen, daß Sie für diesen Vorgang keinerlei anatomische oder physiologische Kenntnisse benötigen. Denken Sie daran, daß Ihr Unterbewußtsein großenteils mit Bildern und Symbolen arbeitet – es wird Ihnen das geeignete Bild in symbolischer Form vermitteln und Sie können dann damit arbeiten.

Manchmal ist es leichter, sich den Teil, der Zuwendung braucht, als losgelöst vom Körper und vor Ihnen liegend vorzustellen. Sie können sich dann in Gedanken mit ihm beschäftigen, während Sie an Ihrem Küchentisch sitzen oder an Ihrer Werkbank stehen. Ganz gleich, wie Sie es tun und wie sonderbar es Ihnen zuerst vorkommen mag, Sie können sicher sein, daß es richtig ist – Ihr Unterbewußtsein wird verstehen, was Sie tun. Wenn Sie an einem oder mehreren Knochen arbeiten, müssen Sie möglicherweise eine Stelle glätten oder die Gelenke schmieren. Wenn Sie Muskeln heilen wollen, müssen Sie vielleicht den ganzen Körperbereich kühlen oder wärmen oder die Blutzufuhr erhöhen. Wenn Ihre Aufmerksamkeit inneren Organen gilt, müssen Sie gegebenenfalls Gewebestücke ausbessern oder kleine

Teilchen entfernen. Wenn Sie sich wirklich auf diesen Prozeß einlassen, werden Sie überrascht sein, was für Einblicke Sie gewinnen, welche Bilder Sie erzeugen und welch erstaunliche Ergebnisse Sie erzielen.

Es ist wichig, diesen Vorgang regelmäßig zu wiederholen. Eines Tages werden Sie »nach innen« gehen und feststellen, daß alles normal aussieht und daß der Heilungsvorgang beendet ist.

Anmerkungen

Wenn wir mit Menschen über die heilenden Aspekte der Hypnotherapie sprechen, erwähnen wir gerne eine Tatsache: Geist und Körper können sich selbst heilen. Bedenken Sie, daß Ihr Unterbewußtsein jede Minute und jeden Tag ganz automatisch damit beschäftigt ist, Sie gesund zu erhalten, und es ist wichtig, zu wissen, daß es normal ist, gesund zu sein.

Doch wollen wir hiermit ausdrücklich betonen, daß die Anwendung der Hypnose zur Selbstheilung nicht den Besuch bei Ihrem Arzt (und die damit verbundene medizinische Diagnose) ersetzt.

Wie Sie Fülle erlangen

Die Affirmation

Reizwort: FÜLLE

Da ich mich mehr entspanne, lasse ich alles viel natürlicher fließen. Ich begreife, daß mir all die guten Dinge zustehen, die das Leben mir zu bieten hat.

Je mehr ich mich entspanne, desto mehr kreative Gedanken lasse ich aufkommen, und diese bereichern mein Leben.

Alles, was ich will, ist in Fülle auf der Erde vorhanden, und ich habe das Recht, an dieser Fülle teilzuhaben.

Ich achte meine Talente und Begabungen. Ich achte meinen eigenen Erfolg. Ich achte mein Recht, Dinge zu empfangen und an der Fülle des Lebens teilzuhaben.

Ich nutze all meine Anlagen, um Fülle in mein Leben zu bringen.

Mein Geist ist jetzt offener, und ich bin bereit, Reichtum anzunehmen, den ich in zweckmäßiger und großzügiger Weise zu meinem und zu anderer Menschen Nutzen verwenden kann.

Zusatzübung

Sie sitzen wieder auf Ihrer Gartenbank und machen sich ein präzises Bild von einem oder mehreren Dingen, die Sie gerne für sich haben wollen und die erkennen lassen, daß Sie Wohlstand erreicht haben. Seien Sie bei diesem Bild sehr genau, schmücken Sie es mit allen Einzelheiten aus, die Ihnen einfallen.

Wenn Sie ein deutliches und ansprechendes Bild haben, zeichnen Sie eine große Blase darum herum, so daß all die Dinge, die Sie möchten, geschützt sind. Jetzt lassen Sie die Blase in die entlegenen Sphären des universellen Bewußtseins schweben, bis Sie fühlen, daß die Blase irgendwo einen Anschluß, eine Verbindung gefunden hat. Nachdem Sie eine Weile gewartet haben, stellen Sie sich eines oder mehrere dieser Dinge vor, von denen Sie möchten, daß Sie zu Ihnen zurückkommen; stellen Sie sich ferner vor, daß sie genau dort und genau dann vorhanden sind, wo und wann Sie sie möchten. Spüren Sie, daß Sie die Dinge genießen, sie wertschätzen. Und zum Schluß danken Sie dem Universum dafür, daß es sie Ihnen gegeben hat.

Anmerkungen

Vielleicht ist diese Übung eine der schwierigsten, die wir Ihnen in diesem Buch erläutern. Obwohl Wohlstand das ist, was die meisten von uns sich auf die eine oder andere Weise wünschen, ist er häufig die Sache, für die zu arbeiten uns am schwersten fällt. Viele von uns haben das Gefühl, daß er uns – angesichts Millionen hungernder Menschen in Afrika und unzähliger Bettler in unseren Städten – gar nicht zusteht. Außerdem mag Ihnen bei kritischer Betrachtung die Auffassung, man könne Wohlstand durch die Anwendung von Selbsthypnose erlangen, irrational erscheinen. Ihr Unterbewußtsein jedoch wird sich nicht daran stoßen, und an das Unterbewußtsein wendet sich die Botschaft ja nun einmal.

Sie sollten sich unbedingt vor Augen halten, daß alle Dinge in großer Fülle vorhanden sind und daß jeder Mensch dasselbe Recht hat, sie zu empfangen wie sein Nächster. Seien Sie sicher: Wenn *Sie* nicht bereit sind, Wohlstand zu empfangen, werden es an Ihrer Stelle eine Menge anderer Leute sein.

Wenn Sie mit der Affirmation arbeiten, ist es ganz wichtig, Ihren Geist auf neue und positive Weise dahingehend zu programmieren, daß Sie sich immer wieder daran erinnern, wie sehr Ihnen Wohlstand tatsächlich zusteht.

Wie Sie Ihre sportlichen Leistungen verbessern

Die Affirmation

Reizwort: SPORTLICHER ERFOLG

Da ich mich jeden Tag mehr entspanne, werden mir die Fähigkeiten, über die ich verfüge, die Fähigkeiten, die mir ermöglichen, mich im Sport auszuzeichnen, immer mehr bewußt.

Mit jedem Tag habe ich ein positiveres Gefühl mir selbst gegenüber und habe mehr Vertrauen in meine Fähigkeiten; dies zeigt sich immer mehr, wenn ich ... spiele. (Setzen Sie Ihre Sportdisziplin ein.)

Ich weiß, daß der Schlüssel zu einer guten Leistung im Sport in der Fähigkeit liegt, sich zu entspannen und die Dinge natürlich fließen zu lassen. Durch regelmäßiges Training und regelmäßige Entspannung bin ich imstande, mich mit einem Minimum an Anstrengung und einem Maximum an Vergnügen dem Fluß der Bewegung hinzugeben.

Ich sehe mich jetzt so spielen, wie ich es gerne möchte. Ich beobachte, wie ich aussehe, wenn ich gut spiele, was für Dinge ich zu mir sage; ich registriere den Klang meiner Stimme, die ich beim Training habe, und wie ich mich innerlich fühle. Ich halte dieses positive Bild die ganze Zeit über in meinem Geist fest. Meine Leistung wird mit jedem Tag besser und entwickelt sich so, wie ich es mir vorstelle.

Da ich mich ganz der sportlichen Bewegung hingebe, erhöht sich auch meine Fähigkeit zur Konzentration, was es mir ermöglicht, meine ganze Aufmerksamkeit auf das Spiel zu richten, wenn es erforderlich ist.

Zusatzübung

Sobald Sie sich in tiefer Hypnose befinden, stellen Sie sich detailliert vor, wie Sie eine gute sportliche Leistung erbringen, und zwar genauso, wie Sie es gerne täten. Wenn Ihnen das anfangs schwerfallen sollte, dann setzen Sie statt dessen Ihren Lieblingssportler an Ihre Stelle.

In jedem Fall visualisieren Sie die Dinge, wie Sie sie gerne hätten. Befassen Sie sich eingehend mit dem Wettkampf oder dem Spiel. Beobachten Sie, wie Ihr erfolgreicher Sportler aussieht, wie er agiert, was er zu sich selbst sagt, wenn er gut spielt, welchen Klang seine Stimme dabei hat, wie er sich wirklich fühlt, wenn er in Aktion ist. Nehmen Sie sich Zeit, sich in die Szenerie hineinzudenken – sehen Sie es sich gut an und fühlen Sie mit.

Wenn Sie es vorgezogen haben, nicht sich selbst, sondern jemand anderen an Ihre Stelle zu setzen, dann stellen Sie sich nach einer Weile vor, daß Sie jetzt den Platz dieses Berufssportlers einnehmen und genauso spielen wie er, ja sogar besser sind. Sehen Sie sich zu, wie Sie das erwünschte Ergebnis erzielen, und beobachten Sie, wie Sie sich dabei fühlen.

Wenn Sie wirklich sicher sind, daß Sie erreicht haben, was Sie wollten, dann geben Sie sich selbst einen körperlichen Auslöser, vielleicht einen, der dem im Abschnitt über Selbstvertrauen ähnelt. Mit anderen Worten: Schließen Sie langsam Ihre linke oder rechte Hand (wenn Sie Rechtshänder/in sind, dann ist es gewöhnlich besser, diese Hand zu wählen). Indem Sie Ihre Hand so schließen, *halten* Sie jene positiven Gefühle des Erfolgs *fest*.

Anmerkungen

Wenn Sie glauben, daß die Anwendung von Hypnose zur Verbesserung sportlicher Leistung etwas Neues ist, dann täuschen Sie sich. Schon 1956 wurde das sowjetische Olympiateam von elf(!) Hypnotiseuren begleitet, und die Sowjetunion gewann bei jenen Olympischen Spielen mehr Medaillen als jede andere Nation. Die Trainer hatten ganz augenscheinlich die Kraft des Geistes erkannt und verstanden, was für eine große Bedeutung er bei sportlichen Leistungen spielen kann.

Doch muß auch gesagt werden, daß Selbstsicherheit ohne Kompetenz fehl am Platz wäre – da würde auch die effizienteste Selbsthypnosetechnik nicht weiterhelfen. Regelmäßiges Training, verbunden mit intensiven Visualisierungstechniken und der oben angeführten Affirmation, wird Ihnen aber einen guten Vorsprung über Ihre Rivalen sichern.

Berufssportler bestätigen, daß häufiges Training unumgänglich ist, nicht nur, um die Fertigkeiten zu verbessern, sondern um die Bewegungen zur »zweiten Natur« werden zu lassen. Erfolgreiche Sportler vergegenwärtigen sich vor dem Einsatz oft jede Einzelheit des bevorstehenden Spiels; das vermittelt ihrem

Unterbewußtsein ein positives Bild von dem erwünschten Resultat. Zudem benutzen sie regelmäßig körperliche Auslöser: Tennisspieler beispielsweise ballen oft die Hand zur Faust, nachdem sie einen Punkt gewonnen haben. Das hilft ihrer Vorstellungskraft, weiterzumachen und dasselbe noch einmal zu leisten.

Manche Menschen durchlaufen regelrechte Zeremonien oder Rituale vor dem Spiel. Wenn das Ritual durch irgend etwas gestört wird, dann fangen sie gewöhnlich noch einmal von vorne an. Auch dies ist eine Art körperlicher Auslöser; es muß vollzogen werden, ehe das Spiel beginnt.

Warum sollten wir es also allein den Berufssportlern überlassen, alle Tricks des Metiers anzuwenden? Wandeln Sie die Affirmation so ab, daß sie auf Ihre individuelle Sportart paßt, und kombinieren Sie sie mit der Zusatzübung, um dasselbe geistige Rüstzeug zu bekommmen, das alle großen Sportler benötigen.

Wie Sie Schmerzen lindern

Die Affirmation

Reizwort: ERLEICHTERUNG

Da meine Entspannung immer intensiver wird, nimmt auch mein Wohlgefühl in Geist und Körper zu.

Da ich mich weiterhin in dieser Weise entspanne, lasse ich alles los, was mich in der Vergangenheit gequält hat. Ich erlaube mir, mich zu jeder Zeit leicht und wohl zu fühlen.

Ich merke, daß ich die Kontrolle über meinen Geist gewinne, daher gewinne ich auch über meinen Körper auf neue und positive Weise die Kontrolle.

Entspannung und Schmerzerleichterung gehen Hand in Hand, und ich lasse mich jetzt mit guten, positiven Gefühlen für mich selbst erfüllen.

Die größere Entspannung ermöglicht auch meinen heilenden Energien, freier zu fließen, so daß sie gut zusammenwirken, um Gleichgewicht und Harmonie in mir wiederherzustellen.

Ich habe jetzt ein deutliches Bild davon vor Augen, wie diese heilenden Energien durch meinen Körper fließen. Ich sehe sie als Farben, die in jeden Teil meines Körpers wandern, der sie benötigt. Sie bringen Entlastung, Wärme, Erleichterung, Heilung und ein wunderbares Wohlgefühl.

Zusatzübung

Wenn Sie in Hypnose sind, lenken Sie Ihre Aufmerksamkeit auf die Stelle Ihres Körpers, an der Sie Beschwerden haben. Wie sieht sie aus? Welche Farbe hat sie? Welche Form? Wie groß ist sie?

Welche Farbe sollte sie haben? Welche Farbe hätten Sie stattdessen gerne? Ändern Sie die Farbe, achten Sie darauf, daß sie danach vollkommen anders ist und keine Spur der ursprünglichen Farbe übrigbleibt.

Welche Größe sollte sie haben? Welche Form? Ändern Sie auch diese, falls nötig. Achten Sie darauf, wie angenehm sich die Stelle anfühlt und wie harmonisch sie sein kann. Bemerken Sie, wie leicht es ist, die Kontrolle zu übernehmen, und genießen Sie die Gefühle von Erleichterung und Entspannung.

Anmerkungen

Besonderer Hinweis: Sie dürfen unter keinen Umständen Schmerz beseitigen, ohne seine Ursache zu kennen. Schmerz, der oft als ein Problem gesehen wird, ist in Wirklichkeit ein Symptom, ein Zeichen. Wir wollen für einen Augenblick lang zu unserem Vergleich mit dem Wagen zurückkehren: Stellen Sie sich vor, Sie fahren eine Straße entlang und das Warnlicht, das den gesunkenen Ölstand anzeigt, blinkt auf. Wollten Sie nur den Schmerz beseitigen, wäre es ein wenig so, als entfernten Sie die Warnlampe in der Annahme, dadurch ungestört Ihre Reise fortsetzen zu können.

Obwohl wir nicht abstreiten können, daß die westliche Schulmedizin eher darauf ausgerichtet zu sein scheint, sich auf die Symptome zu konzentrieren und sie zu entfernen, so raten wir Ihnen doch dringend: Beseitigen Sie keinen Schmerz, ohne sich vorher bei Ihrem Arzt zu vergewissern, daß es ungefährlich ist; warten Sie, bis Sie bei der ärztlichen Konsultation »grünes Licht« bekommen haben. Möglicherweise interessiert es Sie, daß Sie durch Hypnoseanwendung tatsächlich Schmerzen unter Kontrolle bringen können, da Sie den Körper dabei veranlassen, Endorphine, das heißt natürliche Schmerzmittel, zu erzeugen, die oftmals wirksamer als Morphin sind.

Siebtes Kapitel

Die nächsten Schritte

Nun ist es Zeit für eine abschließende Gesamtbeurteilung. Sicherlich sind Sie mittlerweile recht geübt in der Anwendung der Hypnosetechniken, und vielleicht ist dies der Zeitpunkt, wo Sie Lust haben, ein wenig herumzuexperimentieren und sich ehrgeizigeren Zielen zuzuwenden. Doch warten Sie noch ein wenig.

Wir haben zwar gesagt, daß den Dingen, die Sie mit Ihrem eigenen Geist bewirken können, keine Grenzen gesetzt sind, doch gibt es Probleme, die man besser den Fachleuten überläßt. Sie würden ja auch nicht versuchen, an sich selbst eine Schädeloperation durchzuführen, nicht wahr? Nun, Hypnotherapeuten und auch Psychotherapeuten, Psychologen und Psychiater verwenden das Wort »Abreaktion«, um eine heftige Reaktion (oft eine Entladung seelischer Spannungen und aufgestauter Affekte in Handlungen) zu beschreiben. Zu der kann es kommen, wenn eine schmerzliche, verdrängte Erinnerung ins Bewußtsein dringt.

Wenn Sie bisher unseren Richtlinien gefolgt sind, besteht keinerlei Gefahr, daß Sie unter einer »Abreaktion« zu leiden haben, aber wenn Sie den Versuch unternehmen sollten, sich intensiv selbst zu therapieren, können wir keine Gewähr für das Resultat übernehmen. Wenn Sie zum Beispiel daran gedacht haben, in eigener Regie eine Rückführung zu unternehmen (das heißt, Sie führen sich in die Vergangenheit zurück, um verborgene Gefühle oder Emotionen aufzudecken), dann raten wir Ihnen ausdrücklich davon ab. Denn es liegt nahe, daß dies hochgefährlich sein könnte.

Wenn Sie eine Rückführung in Ihre eigene Vergangenheit (oder in frühere Leben) anstreben, mit anderen Worten, wenn Sie das Gefühl haben, Sie hätten ungelöste Probleme, die mit früheren Erlebnissen zu tun haben, dann konsultieren Sie unbedingt einen Spezialisten (zum Beispiel einen qualifizierten Hypnotherapeuten).

Wir haben Ihnen bereits einige Techniken für das Abnehmen und für das Aufgeben des Rauchens gezeigt, und diese Techniken sind gewöhnlich äußerst wirksam. Aber nehmen wir einmal an, Sie hätten eine Art starke unterbewußte Blockade, weswegen

Ihr Unterbewußtsein fest davon überzeugt wäre, daß Sie an diesen schlechten Angewohnheiten festhalten sollten; dann wäre es angebracht, einen qualifizierten Hypnotherapeuten aufzusuchen, der Ihnen hilft, die Situation zu bewältigen.

Wenn Sie eine körperliche Beschwerde haben, dann sollten Sie keine Selbsthypnose anwenden, bis Ihnen Ihr Arzt die Diagnose gestellt hat. Es wäre beispielsweise möglich, Kopfschmerzen durch Hypnose zu lindern, aber wenn ein Gehirntumor die Ursache für den Kopfschmerz ist, tun Sie sich keinen Gefallen, wenn Sie das Symptom zum Verschwinden bringen.

Obwohl wir gar nicht genug hervorheben können, wie effektiv Hypnose ist, bitten wir Sie ausdrücklich, sie nicht als Ersatz für eine ärztliche Information bzw. Behandlung zu verstehen.

Vielleicht fragen Sie sich, warum wir im vorigen Kapitel ein spezielles Problem, das Sie vermißt haben, nicht behandelt haben. Wir sind der festen Überzeugung, daß manche Probleme von qualifizierten Hypnotherapeuten behandelt werden sollten. Sie brauchen deshalb nicht zu verzweifeln – wenden Sie die Selbsthypnosetechniken auf alle Fälle an (schon allein um Ihre Selbstsicherheit zu erhöhen). Wenn Sie bereit sind, eine dynamischere und intensivere Therapie in Angriff zu nehmen, werden Sie damit bessere Voraussetzungen geschaffen haben und Ihr Therapeut wird sich leichter mit Ihnen tun, da Sie bereits Selbsthypnoseerfahrung aufweisen.

Auf den Seiten 113–122 wollen wir uns spezielle, dynamische Techniken, mit denen Hypnotherapeuten arbeiten, näher ansehen; doch zuerst stellen wir im folgenden Abschnitt einige Probleme vor, die am besten von einem Fachmann/einer Fachfrau behandelt werden sollten.

• *Alkoholismus*. Er wird heute von den meisten Ärzten als Krankheit angesehen, nicht als Charakterschwäche. Weder ist hier allzugroße Nachsicht angebracht, noch ist es sinnvoll, dem Betreffenden zu sagen, er benehme sich widerlich und solle sich gefälligst zusammennehmen. Alkoholismus ist ein vielschichtiges Problem und erfordert ein hohes Maß an Verständnis und Unterstützung; die Behandlung sollte unbedingt Fachleuten überlassen werden. Doch wäre bei einem Alkoholkranken die Anwendung von Selbsthypnosetechniken – beispielsweise zur Steigerung des Selbstvertrauens – neben der Inanspruchnahme ärztlicher Hilfe sehr vorteilhaft.

• *Anorexie und Bulimie (Magersucht, Eß- und Brechsucht).* Beide Eßstörungen sind lebensbedrohlich. Das Selbstbild der, größtenteils weiblichen, Betroffenen unterscheidet sich gewöhnlich vollständig von der Weise, wie andere Menschen sie sehen. So hätte es keinen Sinn, solch einem jungen Mädchen oder einer Frau vorzuschlagen, sie solle sich im Zustand der Selbsthypnose so sehen, wie sie gerne wirklich aussehen würde – nämlich in extrem abgemagerter Form. Ihr bestehender körperlicher Zustand würde dadurch eine Bestätigung erfahren, was das Problem noch verschlimmern könnte.

• *Depression.* Wenn eine Depression lange andauert, sollte auf analytischem Wege herausgefunden werden, warum sie überhaupt begann und weshalb sie anhält. Wir betonen, daß wir hier über eine klinische Depression sprechen und nicht über Verstimmungen, die wir alle von Zeit zu Zeit haben, wenn wir uns »down« fühlen. Wenn eine Depression vorübergehend auftritt, sie also »reaktiv« genannt werden kann – mit anderen Worten, Sie fühlen sich »down«, weil Ihnen bestimmte Dinge zugestoßen sind –, dann können wiederum einige der Techniken zur Erhöhung des Selbstvertrauens und zur Streßbewältigung nützlich sein.

• *Phobien.* Wir meinen hierbei wirkliche Phobien, das heißt vollkommen irrationale Ängste vor Dingen, mit denen die meisten Menschen recht gut fertig werden. Die gewöhnlichsten Phobien, die von Hypnotherapeuten behandelt werden, sind Agoraphobie (Platzangst, das heißt Angst, freie Plätze zu überqueren) und Klaustrophobie (Angst vor dem Aufenthalt in geschlossenen Räumen). Angst vor Spinnen ist eine andere Phobie, mit der wir häufig zu tun haben. Jeder Phobie liegt eine Ursache zugrunde, und sobald diese Ursache festgestellt worden ist – gewöhnlich durch Rückführungsarbeit – verschwindet die Phobie in der Regel automatisch. Diese Art der Arbeit kann nur von einem kompetenten Therapeuten durchgeführt werden, aber auch hier wollen wir anmerken, daß Sie sich auf Ihre Arbeit mit dem

Hypnotherapeuten vorbereiten können, indem Sie zuvor Selbsthypnosetechniken lernen, da sie Ihnen helfen, ruhiger und belastbarer zu werden.

• *Psychose.* Im Grunde ist die Einfügung dieses Abschnitts irrelevant, da kaum Chancen bestehen, daß ein Psychotiker dieses Buch kauft. Ein Neurotiker weiß, daß etwas mit ihm nicht in Ordnung ist, ein Psychotiker nicht. Wirkliche Geisteskrankheiten, wie Psychose, Schizophrenie und manische Depression, bedürfen selbstverständlich der Behandlung durch einen Psychiater.

Obwohl wir Ihnen wirklich nahelegen wollen, die Hilfe eines Spezialisten in Anspruch zu nehmen, falls Sie an einem der oben aufgelisteten Probleme leiden, glauben wir, daß nahezu jeder Mensch in hohem Maße von der Selbsthypnose profitieren kann – und wenn er sie nur nutzt, um soviel Selbstsicherheit zu bekommen, daß er in der Lage ist, die nächsten Schritte zu unternehmen.

Die Rolle des Hypnotherapeuten

Wie Sie einen guten Hypnotherapeuten finden

Die sicherste Methode, einen seriösen Therapeuten zu wählen, besteht darin, sich einen empfehlen zu lassen – entweder von jemandem, der eine Therapie gemacht hat und damit zufrieden war, oder vom eigenen Arzt. (Siehe auch die Adressen S. 127.) Sollte das nicht möglich sein, raten wir Ihnen folgendes:

• Suchen Sie sich aufs Geratewohl einen Namen im Telefonbuch heraus – am besten einen, hinter dem noch eine kurze Auflistung der angewandten Therapieformen steht.

• Rufen Sie den Therapeuten an und fragen Sie nach, mit welchen Therapieformen er hauptsächlich arbeitet. Ermitteln Sie ebenso, wie lange er oder sie schon als Hypnotherapeut tätig ist; und fragen Sie ihn, ob es ihm etwas ausmacht, wenn Sie sich bei der Organisation, zu der er gehört, nach seinen Referenzen erkundigen.

• Bitten Sie um eine Orientierungsberatung, die Sie zu nichts verpflichtet – die meisten seriösen Therapeuten bieten dies von selbst aus an. Die erste Konsultation gibt Ihnen die Gelegenheit, sich gegenseitig kennenzulernen, und ermöglicht es Ihnen, festzustellen, ob Sie sich bei dem Therapeuten gut aufgehoben fühlen. Wenn Sie irgendwelche Zweifel oder Bedenken haben, nehmen Sie die Therapie nicht in Angriff. Es ist ganz wesentlich, daß Sie einen guten Kontakt zu dem Menschen haben, der Ihnen helfen soll, wichtige Änderungen in Ihrem Leben herbeizuführen.

• Finden Sie heraus, wieviel der Therapeut berechnet und wie viele Sitzungen er für erforderlich hält. Wenn der Therapeut Ihnen nahelegt, eine größere Summe im voraus für eine beträchtliche Anzahl von Sitzungen zu bezahlen, dann suchen Sie sich einen anderen Therapeuten.

Wie bereits erwähnt, ist die Rolle des Hypnotherapeuten bei der Lösung langwährender und tief verankerter Probleme sowie bei der Beseitigung unterbewußter Blockaden äußerst wichtig.

Wenn ein Hypnotherapeut Ihnen sagt, er (oder sie) könne Sie heilen, dann verlassen Sie ihn schleunigst. Aber sagt er, er versuche Ihnen Hilfe zur Selbsthilfe zu geben, dann könnte sich eine gute Zusammenarbeit ergeben.

Wenn Sie also den Entschluß gefaßt haben, einen Hypnotherapeuten zu konsultieren, sollten Sie wissen, welche Techniken und was für unterschiedliche Therapieformen Ihnen begegnen können. Wir wollen sie Ihnen deshalb in aller Kürze hier vorstellen.

Therapieformen

Suggestionstherapie

Dies ist im Grunde die ursprüngliche Form der Hypnotherapie. Sie wird heute von modernen und gut ausgebildeten Hypnotherapeuten als etwas altmodisch angesehen. Dennoch ist es die Vorgehensweise, an die Menschen gemeinhin denken, wenn von Hypnotherapie die Rede ist. Die meisten Menschen, die einen Hypnotherapeuten zum ersten Mal aufsuchen, erwarten, daß man sie bittet, sich auf einen Stuhl zu setzen oder auf eine Couch zu legen, dann in eine Trance oder einen Zustand tiefer Bewußtlosigkeit versenkt und ihnen daraufhin sagt, was sie zu tun oder zu unterlassen hätten. Doch niemand kann dazu gebracht werden, in Hypnose irgend etwas zu tun, was er nicht will. Und dem Unterbewußtsein widerstreben alle Veränderungen; ehe es die notwendigen Veränderungen vollbringen wird, muß es begreifen, warum es dies tun soll.

Es ist gerade deshalb so sinnvoll, daß Sie in Selbsthypnose Suggestionen/Affirmationen an sich richten, weil ja nur Sie ganz genau wissen, was Sie für sich selbst wollen.

Die Suggestionstherapie kann eine dynamischere Therapieform nutzbringend ergänzen; auch ist es möglich, das Unterbewußtsein damit auf zukünftige Veränderungen zu programmieren. Doch da Sie diese Form der Therapie in eigener Regie machen können, raten wir Ihnen von einem Hypnotherapeuten, der nur diese Methode anwendet, ab.

Aversionstherapie

Diese Therapieform wurde sehr viel in den vierziger Jahren dieses Jahrhunderts (und früher) angewandt. Doch die meisten verantwortungsbewußten Hypnotherapeuten erkennen heute, daß sie dem Patienten Probleme bereiten kann. Wenn ihm eine Suggestion wie »Jedesmal, wenn Sie rauchen, werden Sie sich krank fühlen« gegeben wird, besteht die berechtigte Annahme, daß er sich tatsächlich krank fühlen wird.

Wir sind der festen Überzeugung, daß das oberste Ziel eines jeden Hypnotherapeuten jedoch darin bestehen sollte, einem Patienten dazu zu verhelfen, daß er sich »gut« fühlt und daß man ihm nicht suggerieren sollte, er fühle sich krank, sobald er etwas ganz Bestimmtes tue.

Hinter der Aversionstherapie stand die Idee, daß im Zusammenhang mit einer speziellen Sache (einem Verhalten oder der Einnahme einer Droge) ganz bewußt ein Zustand der Angst herbeigeführt werden sollte, der den Patienten davor abschreckt. Man vertrat die Theorie, daß der Patient in diesem Falle nicht länger den Wunsch verspüre, sich jenem besonderen Stimulus auszusetzen. Mit anderen Worten, man glaubte, der Patient würde nun sein ursprüngliches Verhaltensmuster vermeiden, da er wußte, daß dessen Folgen unangenehm für ihn waren.

Alkoholiker zum Beispiel wurden oft mit der Aversionstherapie behandelt – zuweilen in Ergänzung mit Medikamenten, die ihnen ein Psychiater verschrieb. Die damit verbundene Absicht: Jedesmal wenn ein Patient Alkohol tränke, würde er nun krank werden. Er würde also lernen, das Trinken mit dem Kranksein zu assoziieren. In anderen Fällen versetzte man dem Patienten einen Elektroschock, wenn er wieder getrunken hatte; auch dahinter stand die Idee, daß er zukünftig das Trinken mit den Wirkungen des Schocks assoziieren würde. Das erscheint uns heute als eine ziemlich primitive, ja barbarische Methode, mit alkoholkranken Menschen umzugehen, und schenkt den tatsächlichen Ursachen des Problems keinerlei Beachtung.

Die Aversionstherapie basierte auf der Ansicht, daß jemand, der für sein Verhalten bestraft wird, dieses Verhalten zukünftig vermeiden wird. Unser modernes Denken beruht auf der Vorstellung, daß Verhaltensänderungen eher dann vollbracht werden, wenn ein Mensch für wunschgemäßes Verhalten belohnt und weniger dann, wenn er für schlechtes Verhalten bestraft wird. Zum Glück sind nun modernere Methoden an die Stelle der Aversionstherapie getreten, die heute kein verantwortungsbewußter Hypnotherapeut mehr anwenden würde.

Kürzlich suchte uns Ann, eine etwa fünfunddreißigjährige Frau, wegen ihres Gewichtsproblems auf. Sie erzählte, sie habe einige Jahre zuvor an einem Hypnosekurs teilgenommen, bei dem sie Erfahrungen durchgemacht habe, die sie nicht noch einmal erleben wolle. Es stellte sich heraus, daß ihr damaliger Therapeut mit Visualisierungstechniken gearbeitet und sie aufgefordert hatte, sich vorzustellen, sie ginge durch einen dunklen Tunnel, in dem sich scharfe Messer befänden. Nicht nur erwies sich diese Methode als unwirksam, sie war auch traumatisierend für die Patientin gewesen.

Wir sind der Überzeugung, daß die Menschen im allgemeinen genug Probleme haben und daß es nicht Aufgabe eines Therapeuten ist, noch welche hinzuzufügen!

Rückführungstherapie

Dies ist der Therapietyp, der den Patienten häufig zu Beginn am stärksten interessiert, dann aber die meisten Ängste auslöst. Für sehr viele Menschen scheint es faszinierend zu sein, zurückzugehen, entweder in eine frühere Zeit ihres eigenen Lebens oder – und hier nimmt die Zahl der Interessierten stetig zu – in ein früheres Leben; man spricht hier von einer »Rückführung in frühere Leben«.

Letzterer Prozeß sollte unserer Überzeugung nach nicht aus reiner Neugier angegangen werden. Aber ohne Zweifel hat diese therapeutische Methode sich bei manchen Menschen als nutzbringend erwiesen, besonders dann, wenn sie davon überzeugt waren, daß nichts in ihrem gegenwärtigen Leben sie so stark beeinträchtigt haben konnte, ihr augenblickliches Problem also unerklärbar war.

Ein typisches Beispiel dafür bot ein Geschäftsmann, der eine Therapie machte, weil er Angst vor Messern hatte. Dies wirkte sich sehr negativ auf sein Leben aus, da er häufig Kunden zum Essen auszuführen hatte. Zuerst konnte kein Grund für diese Phobie gefunden werden, aber als er im Hypnosezustand gefragt wurde, ob dies die Folge einer Erfahrung aus einem früheren Leben sei, sagte er sofort Ja. Er durchlief eine Rückführung in seine früheren Leben, in deren Verlauf er die Gewißheit erlangte, daß er im 18. Jahrhundert ein Kaufmann gewesen war und folgendes erlebt hatte: Während einer Reise zu Pferde war er eines Tages von einem Straßenräuber angefallen worden. Der hatte sein Geld von ihm verlangt und ihn dann mit einem Messer – um genau zu sein, mit einem Dolch – niedergestochen.

Ob dieses Ereignis sich tatsächlich ereignet hatte oder nicht, spielt keine Rolle, da der Mann von diesem Zeitpunkt an von seiner Phobie befreit war und nie mehr Probleme mit Messern hatte.

In den vergangenen Jahren ist die Anzahl der sogenannten »Spezialisten« für Rückführung in frühere Leben sprunghaft angestiegen. Leider haben manche keinerlei Ausbildung in Hypnotherapie und könnten ihren Patienten unsagbaren Schaden zufügen. Wenn Sie also den Wunsch haben, eine Rückführung zu machen, sollten Sie unbedingt einen kompetenten Hypnotherapeuten aufsuchen, der über eine fundierte Fachkenntnis in diesem Bereich verfügt.

Was die Rückführung in Stadien des jetzigen Lebens angeht, so lautet eine Lehrmeinung, daß man die Ursache erkunden muß, um auch das Heilmittel zu finden. Diese Ansicht hatte eine Zeitlang wohl ihre Gültigkeit, doch mit dem Aufkommen des Neurolinguistischen Programmierens (mehr dazu auf S. 118) ist sie teilweise reduziert worden. Allerdings ist es häufig interessanter, aufschlußreicher und befriedigender, die Ursache eines Problems herauszufinden und zu erkennen, wie es seinen Anfang nahm.

Auch diese Methode sollte nur durch einen kompetenten Hypnotherapeuten angewendet werden, der den Patienten führen und ihm helfen kann, die gewonnenen Kenntnisse umzusetzen. Zudem sollte er imstande sein, die Auswirkung zu verstehen, die ein spezielles Ereignis seither auf das Leben des Patienten hatte.

Die Rückführungstherapie arbeitet auf der Annahme, daß alles, was uns je geschehen ist, in unserem Gedächtnis und Unterbewußtsein gespeichert ist. Um unserer geistigen Gesundheit willen sind viele dieser Erinnerungen »vergessen« oder tief in unserem Unterbewußtsein vergraben worden, und es ist nicht notwendig, daß wir uns an sie erinnern. Bestimmte traumatische Erlebnisse sind zu unserem eigenen Schutz »vergessen« worden, und wir sollten sie nur dann hervorholen, wenn sie uns immer noch Probleme bereiten. Die einzige wirksame Methode, dies zu tun, ist die Hypnose. Hypnose öffnet auf ungefährliche Weise den Gedächtniskanal zum Unterbewußtsein, so daß negativ prägende Ereignisse noch einmal betrachtet werden können – doch eher mit den Augen eines Erwachsenen als mit den Gefühlen eines Kindes.

Kürzlich führten wir einen solchen Prozeß mit einer Frau, Anfang vierzig, durch, die zu uns kam, weil sie abnehmen wollte. Ihr Arzt hatte ihr zu einer Radikalkur geraten, da sie in letzter Zeit immer mehr an Gewicht zugenommen hatte, was ihr Asthma verschlimmerte und sie damit in Lebensgefahr brachte. Sie hatte es mit jeder nur möglichen Diät versucht, war aber nach anfänglichen Erfolgen immer wieder in ihre alten Eßgewohnheiten zurückgefallen. Hätte man ihrem Unterbewußtsein lediglich gesagt, sie solle weniger essen, wären keine langreichenden Wirkungen zu erwarten gewesen. Es mußte die Ursache gefunden werden.

In der Hypnose wurde sie zum Tod ihrer Schwester zurückgeführt, der sie sehr nahegestanden hatte. Dieses Ereignis wäre an sich schon tragisch genug gewesen, doch es kam heraus, daß die beiden Schwestern vor dem Tod eine größere Meinungsverschiedenheit gehabt und deswegen nicht mehr miteinander gesprochen hatten. In Hypnose wurde diese unerledigte Angelegenheit mit ihrer Schwester aufgearbeitet; auch nahmen wir die Gelegenheit wahr, um zu prüfen, ob ihr Asthma in irgendeiner Weise damit zusammenhing. Und so war es. Ihr Asthma hörte sofort auf, und ihr Gewicht verringerte sich von da an stetig, ohne daß eine Diät notwendig gewesen wäre.

Arbeit am inneren Kind

Wir haben beschlossen, diese Methode hier kurz zu erwähnen, da sie sich – obwohl sie strenggenommen nicht zur Hypnotherapie gehört – als äußerst nutzbringend erwiesen hat, insbesondere wenn sie auf eine Rückführungstherapie folgt. Die meisten unserer alltäglichen Probleme stehen in Verbindung zu Vorfällen oder Umständen, die wir in der Kindheit erlebt haben, so daß es nach einer Rückführung von Nutzen ist, das wiedergefundene innere Kind zu trösten und ihm die Sicherheit zu geben, daß es überlebt hat.

Neurolinguistisches Programmieren (NLP)

Mit seinen dynamischen Techniken hat das NLP die Hypnotherapie ganz entscheidend weitergebracht und den Patienten die Möglichkeit gegeben, die volle Verantwortung für die Verbesserung ihrer Lebensqualität zu übernehmen.

Es wurde von zwei Amerikanern namens John Grinder (einem Linguisten) und Richard Bandler (einem Mathematiker) ausgedacht und basiert großenteils auf den Arbeiten von Milton Erickson und Virginia Satir und ebenso in einem gewissen Maße auf der Arbeit von F. S. Perls, der die Gestalttherapie entwickelt hat.

Eigentlich gründet sich das NLP auf die von Erickson gemachte Behauptung: »Alle Patienten haben die erforderlichen Ressourcen und geistigen Reserven in sich, die ihnen gestatten, sich zu ändern.« NLP ermöglicht den Menschen, die richtigen Entscheidungen zu treffen und ihre eigenen Fähigkeiten zur Hochleistung zu entwickeln. Im Laufe der Jahre ist das NLP nicht nur in Therapien, sondern auch in Bereichen wie Management, Ausbildung und Sport angewandt worden.

Die Anwendung des NLP beruht auf der Vorstellung, daß das Unterbewußtsein wie ein Computer funktioniert; mit anderen Worten ausgedrückt: Das Unterbewußte ist von Kindheit an darauf programmiert worden, auf bestimmte Situationen in bestimmter Weise zu agieren und zu reagieren. Und es ist schwierig, ein Programm, das einmal festgelegt worden ist, wieder zu ändern. Doch können diese alten Programme und alten Konditionierungen mit Anwendung von Hypnose und in Kombination mit dem NLP sehr schnell geändert werden, sobald das Unterbewußtsein einmal begriffen hat, daß die Veränderung heilsam ist.

Entscheidend beim NLP ist der Gedanke der Wahlmöglichkeit: Es gibt den Menschen das Bewußtsein, die Chance zu haben, wählen zu können, obwohl sie vorher geglaubt hatten, sie hätten keinerlei Wahl. Dies ermöglicht einem Patienten nicht nur, sich jemanden zum Vorbild zu nehmen, den er bewundert, sondern auch seine eigene Person als vorbildhaft anzuerkennen, das heißt, seine erlebten Triumphe und Erfolge sowie Situationen, die er gut meisterte, zu würdigen.

Ebenso sieht das NLP es als eine Tatsache an, daß die meisten Menschen ihr Potential nicht voll ausschöpfen. NLP hilft ihnen, genau zu definieren, was sie wirklich wollen, und dann ihre inneren Ressourcen zu benutzen, um dies auch zu erreichen.

Das NLP zeigt einem Menschen, wie er mit seinem Bewußtsein verschiedene Ebenen wahrnehmen kann: Er sieht dann sich selbst so, wie andere ihn sehen, nimmt andererseits aber auch seine eigenen Gefühle sich selbst gegenüber wahr. Er kann dann diese beiden Erfahrungen miteinander vergleichen. Das ist eine äußerst wirksame Methode, mehr über sich selbst zu erfahren.

Manchmal genügt schon eine einzige NLP-Sitzung. Vor kurzem brachte ein junger Geschäftsmann in seiner elften Sitzung ein Problem zur Sprache, das seine Arbeit betraf. Er sollte in drei Tagen einigen renommierten Kunden ein neues Produkt präsentieren und hatte den Eindruck, sein seelischer Zustand ließe dies nicht zu. Da die Zeit drängte, war ein volles Hypnotherapieprogramm nicht durchführbar; es war sozusagen »Erste Hilfe« erforderlich.

Durch die Anwendung von Hypnose und NLP konnte der Patient gedanklich in die Haut einer berühmten Persönlichkeit aus dem öffentlichen Leben schlüpfen und sich vorstellen, wie sie das Produkt präsentieren würde. Zu dem Vorgang gehörte auch, daß er den Charakter dieser Berühmtheit annahm; er machte die Präsentation nun so, wie sie es getan hätte. Am Tag der Präsentation verhielt der junge Mann sich dann in genau dieser Weise und war somit imstande, gelassen und selbstsicher aufzutreten.

Hypnoheilung

Sie wurde in den frühen sechziger Jahren von Bill Atkinson-Ball entwickelt, und zwar zuallererst, um seine eigenen Verletzungen, die er durch einen Unfall bei der Royal Air Force erlitten hatte, zu behandeln.

Hypnoheilung geht grundlegend davon aus, daß der Geist den Körper heilt. Wenn wir den Gedanken akzeptieren können, daß es psychosomatische Krankheiten gibt, dann dürfte es uns auch nicht schwerfallen, uns mit dem Begriff des »psychosomatischen Wohlbefindens« anzufreunden. Die meisten Menschen teilen heute die Ansicht, daß wenn der Geist krank ist, es der Körper auch bald sein wird.

Die Technik der Hypnoheilung zielt in erster Linie darauf, dem Unterbewußtsein die Information zu entlocken, ob der Patient eine Art »Gewinn« aus seiner Krankheit zieht – mit anderen Worten, welche unterbewußten Vorteile damit verbunden sein könnten. Danach versucht sie, diese Blockade zu beseitigen und mittels intensiver Visualisierungstechniken unter Kontrolle zu bringen. Wichtig ist dabei, daß der Patient mit seiner eigenen Visualisierung arbeitet. Er muß vollkommene Freiheit haben, die kranken Teile seines Körpers auf seine eigene Weise zu »sehen«, und dann Wege finden, diese inneren Bilder in das zu verwandeln, was ihm geeignet erscheint.

Das Ehepaar Simonton hat in Amerika viel mit dieser Methode gearbeitet, obwohl es dabei keine formale Hypnose anwandte. Beide arbeiteten mit unheilbar kranken Menschen. Sie schlugen diesen Patienten Visualisierungen vor; manchmal suggerierten sie ihnen zum Beispiel, sie sollten sich Piranhas oder Haifische vorstellen, die ihre Krebszellen auffräßen.

Ein weiteres Beispiel: Eine Frau, Anfang vierzig, suchte Hilfe in der Hypnotherapie, weil sie das Rauchen aufgeben wollte. Zur zweiten Sitzung erschien sie schmerzverzerrt und erklärte, sie habe sich an ihrem Arbeitsplatz eine Nackenverletzung zugezogen und würde nun für eine längere Zeit dort ausfallen. Sie befürchtete, daß sie in der Sitzung wegen des Schmerzes nicht in der Lage wäre, sich wirklich zu entspannen. Anstatt mit ihr an ihrer Zigarettensucht zu arbeiten, zeigten wir ihr, was sie tun sollte, um ihren Nackenschmerz zu erleichtern. Sie spürte sofort eine Linderung, und als sie nach zwei Wochen wieder erschien, hatte sich ihr Nacken sehr gebessert. Wir konnten uns wieder dem eigentlichen Ziel der Therapie zuwenden, nämlich ihr das Aufgeben des Rauchens zu erleichtern.

Hypnose zur Schmerzerleichterung

Dies ist einer der wichtigsten Aspekte der Hypnotherapie und vielleicht der umstrittenste. Hypnotische Betäubung wurde im vergangenen Jahrhundert in der Chirurgie häufig angewandt, obwohl die wenigen Ärzte, die sie erfolgreich praktizierten, gewöhnlich Gefahr liefen, von ihren Kollegen belächelt oder sogar offen angegriffen zu werden.

Es ist eine unbestrittene Tatsache, daß unser Körper seine eigenen chemischen Substanzen erzeugen kann, um Schmerzen zu lindern; es sind dies die Endorphine und die Enkephaline, die dieselben chemischen Eigenschaften wie das Morphin aufweisen. Durch Hypnoseanwendung sind wir in der Lage, den Teil des Gehirns zu erschließen, der die Erzeugung dieser natürlichen Schmerzmittel anregt. Aber vorab ein Wort der Warnung: Obwohl die Hypnose Schmerz beseitigen kann, würde kein verantwortlicher Hypnotherapeut dies tun, ohne vorher die Ursache des Schmerzes herauszufinden. Mit anderen Worten, er sollte den Patienten nach der medizinischen Diagnose und der Behandlung, die er von seinem Arzt erhält, fragen.

Jahrelange Forschungen haben ergeben, daß die Schmerzkontrolle nicht so sehr durch Suggestionen seitens des Therapeuten erfolgt, sondern vielmehr durch den hypnotischen Zustand selbst. Während der Hypnose werden automatisch Endorphine in den Blutkreislauf ausgeschüttet, was eine Trennung von elektrischen Aktivitäten und sensorischen Reaktionen und damit Anästhesie (Betäubung) und Analgesie (Aufhebung der Schmerzempfindung) ermöglicht.

Einer der Bereiche, in dem Hypnose sehr wohl schmerzlindernd wirken kann, ist die Geburtshilfe. Es ist allgemein bekannt, daß Spannungen Schmerzen verschlimmern, ja oft überhaupt auslösen. Wir helfen also einer werdenden Mutter, sich zu entspannen, indem wir sie davon überzeugen, daß sie die Kontrolle über ihren Geist (und damit ihren Körper) übernehmen kann und daß eine Geburt ein vollkommen natürlicher Vorgang ist. Und so tragen wir zu einer gelasseneren Haltung bei, die sie wissen läßt, daß Schwangerschaft und Geburt störungsfrei verlaufen können. Denn eine Geburt kann und sollte ein Ereignis sein, auf das man sich freut, und nicht eines, das Ängste wachruft.

Ein Hypnotherapeut, der Erfahrung in fortschrittlichen Methoden hat, sollte gewährleisten können, daß eine werdende Mutter relativ beschwerdefrei durch ihre Schwangerschaft geht. Er sollte ihr vermitteln, der kommenden Geburt erwartungsvoll entgegenzusehen, und ihr darlegen, wie sie bei der Entbindung die vollkommene Kontrolle übernehmen kann.

Jahrelange Untersuchungen über Geburtshilfe haben gezeigt: Bei der Mehrheit der Patientinnen, die Hypnose anwenden, ist es sehr selten nötig, zur Geburtszange zu greifen oder einen Dammschnitt zu machen; und jeder erforderliche Eingriff kann ohne chemische Betäubung durchgeführt werden.

Selbsthypnose

Es gibt im Grunde nur eine wirksame Methode, Selbsthypnose zu lernen: Sie müssen dazu bereits in Hypnose sein. Aus diesem Grund haben wir dieses Buch durch eine Kassette ergänzt.

Ein verantwortungsbewußter Hypnotherapeut wird einem Patienten – gewöhnlich in der letzten Sitzung – zeigen, wie er sich selbst in Hypnose versetzen kann, so daß der Patient von dann ab diese Fähigkeit zur Steigerung seiner Lebensqualität nutzen kann. So kann er beispielsweise Verbindung zu seinem Unterbewußtsein aufnehmen, Entscheidungen mit Hilfe der »Gedächtnisspeicherbank« in seinem Unterbewußtsein treffen, zukünftige Leistungen vorprogrammieren und vieles mehr.

Natürlich kann Selbsthypnose auch zur reinen Entspannung genutzt werden. Es hat eine sehr wohltuende Wirkung, wenn Sie täglich zwanzig Minuten in dieser Geistesverfassung zubringen, damit laden Sie automatisch Ihre eigenen »Batterien« auf, ermöglichen Ihrem Bewußtsein, eine Pause einzulegen und aktivieren das parasympathische Nervensystem zur Anregung der Selbstheilungskräfte im Körper.

Selbsthypnose hat gegenüber anderen Formen der Meditation viele Vorteile: Sie geht schneller und ist zielgerichteter und gefahrloser, da sie einem hilft, die vollkommene Kontrolle über den eigenen Geist zu übernehmen.

Was nun?

Einige Antworten auf mögliche Fragen

Jetzt, wo Sie die Techniken beherrschen, um sich selbst in Hypnose zu versetzen, wissen Sie vielleicht nicht so recht, welche Schritte Sie als nächstes tun sollen. Daher wollen wir auf eventuelle Fragen, die Sie haben könnten, eingehen.

Soll ich einen Kassettenrekorder benutzen?

Vielleicht haben Sie bereits beschlossen, einige Übungen auf ein Band aufzunehmen – das ist sicherlich eine gute Idee, insbesondere was die längeren Übungen betrifft.

Doch möglicherweise haben Sie Zweifel, ob Sie das Band selbst besprechen sollen. Wie viele Menschen mögen schon den Klang ihrer eigenen Stimme? Doch am besten besprechen Sie das Band tatsächlich selbst, da niemand besser als Sie weiß, was Sie wollen. Seien Sie beruhigt, nach einer Weile werden Sie sich daran gewöhnen.

Wenn Sie Suggestionen auf das Band sprechen, um sie später abzuhören, werden Sie unsere Affirmationen leicht abändern müssen. Sie müssen so zu sich selbst sprechen, als sprächen Sie zu einer anderen Person. Beispielsweise sollten Sie statt »*Ich bin entspannter*« sagen »*Sie sind entspannter*«. Das Unterbewußtsein akzeptiert Suggestionen in dieser Form besser.

Soll ich einen Freund bitten, mir die Suggestionen laut vorzulesen?

Nein. Es geht hier um Ihre persönlichen Probleme. Auch wenn der Freund Ihnen auch noch so nahestehen mag, heißt das nicht, daß seine Stimme ideal zum Abhören ist. Außerdem sollten Sie bedenken, daß eines der wichtigsten Ziele unseres Buches darin besteht, Ihnen zu zeigen, wie Sie die Verantwortung für Ihr eigenes Wohlergehen übernehmen können. Es besteht zudem die Gefahr, daß ein wohlmeinender Freund versucht, Ihnen seine eigenen Grundüberzeugungen aufzuzwingen.

Wie lange soll ich im Hypnosezustand bleiben?

Möglicherweise haben Sie sich inzwischen die Frage gestellt: »*Kann ich eigentlich lange in der Hypnose verweilen?*« Wir haben bereits gesagt, daß ein Zeitraum von etwa fünfundzwanzig Minuten, je ein- oder zweimal täglich, ideal ist. Doch gibt es hierfür keine unumstößliche Regel. Wir wollen Sie allerdings nicht anhalten, sich eine längere Zeit von der Welt zurückzuziehen, indem Sie den Hypnosezustand sehr lange ausdehnen (selbst wenn der Gedanke durchaus angenehm ist). Aber indem Sie zunehmend Selbsthypnose und die verschiedenen Übungen praktizieren, werden Sie ganz automatisch immer selbstsicherer werden und deswegen ohnehin bestrebt sein, intensiv am Leben teilzunehmen.

Warum kann ich mich nicht schneller ändern?

Hoffentlich haben Sie mittlerweile mindestens eine der Affirmationen aus dem vorigen Kapitel ausprobiert. Wie bereits gesagt, sollte jede dieser Affirmationen – sofern sie regelmäßig angewandt wird – zum gewünschten Ergebnis führen. Wenn die

Ergebnisse sich ein wenig langsamer einstellen, als Sie es gerne hätten, dann ändern Sie gegebenenfalls die von Ihnen benutzten Worte ab; vielleicht sollten Sie sie euphorischer oder genauer gestalten oder sie besser auf Ihre eigenen Bedürfnisse abstimmen. Vergessen Sie nicht: Es ist Ihre Affirmation, nur Sie wissen genau, was Sie wollen. Und vergewissern Sie sich, daß Sie sich ein klares Bild machen, auf dem Sie genau so sind, wie Sie sich wünschen zu sein.

In diesem Stadium sollte man unbedingt geduldig mit sich sein; Sie haben lange gebraucht, um Ihre alten, negativen Gewohnheiten herauszubilden, also kann es wohl keine Rolle spielen, wennn es einige Wochen dauert, bis Sie neue entwickelt haben, nicht wahr?

Möchte ich mich wirklich ändern?

Das ist eine wichtige Frage. Tatsache ist, daß die meisten Menschen vor Veränderungen Angst haben; deshalb sollten Sie in diesem Stadium entscheiden, in welchen Bereichen Ihres Lebens Sie wirklich etwas ändern wollen (Beruf, Gesundheit, Beziehungen, finanzielle Situation, Spiritualität und anderes).

Nachdem Sie entschieden haben, wo Veränderungen für Sie anstehen, sollten Sie sich als nächstes diese fest vornehmen, dann auch dabeibleiben und möglich machen, daß diese angestrebten Änderungen zu wirklichen Gewohnheiten werden. Das ist leichter gesagt als getan: Manchmal vermitteln selbst die schlechtesten Angewohnheiten ein Gefühl von Behaglichkeit (wie ein altes Kleidungsstück, das zwar abgetragen, aber so bequem ist). Mit anderen Worten, von manchen Gewohnheiten trennt man sich wahrlich nur schwer!

Welche anderen Bücher sollte ich noch lesen?

Die Wahl Ihres nächsten Buches wird wahrscheinlich von dem abhängen, was Sie zu unserem Buch greifen ließ. War es allgemeines Interesse an Hypnose und Hypnotherapie oder das Bedürfnis, etwas an Ihrem eigenen Charakter zu ändern? Es gibt Hunderte Bücher über Hypnose; manche befassen sich mit ihrer Geschichte, andere haben ihre Methoden und Theorie zum Schwerpunkt. Erkundigen Sie sich in Ihrer Buchhandlung.

Unsere Schlußbotschaft an Sie

Beim Verfassen dieses Buches haben wir versucht, Ihnen die Techniken zu vermitteln, die es Ihnen möglich machen, Ihre Reise auf dem Weg zu Weiterbildung, Selbstentdeckung, persönlicher Erfüllung und Erleuchtung anzutreten. Angesichts der Tatsache, daß man in einem allgemeinen Ratgeber keine individuelle Hilfe zu geben vermag, haben wir versucht, Ihnen so viele Hilfsmittel wie möglich bereitzustellen, die Sie auf Ihre eigenen Bedürfnisse anpassen können.

Was auf jedes Hilfsmittel zutrifft, ist auch hier der Fall: Je öfter Sie es benutzen, desto vertrauter wird es Ihnen. Sie werden bemerken, daß die Vielseitigkeit der Mittel in direktem Verhältnis zu Ihrem Können steht – und zunimmt. Wenn Sie also nicht auf Anhieb das gewünschte Resultat erreichen sollten, dann versuchen Sie es immer wieder.

Alle Techniken, die wir Ihnen vorgestellt haben, stützen sich auf unsere direkte Erfahrung bei der Behandlung unserer Patienten und beim Unterrichten von Teilnehmern unserer Selbsthypnose- und Streßmanagementgruppen, und zudem auf das Feedback, das uns Hunderte von Studenten gaben, die wir in wissenschaftlicher Hypnotherapie ausgebildet haben. Im Laufe der Jahre sind diese Techniken verändert, verfeinert und von dem Feedback, das wir erhalten haben, beeinflußt worden. Daher gilt allen Menschen, die unseren beruflichen Weg gekreuzt und von denen wir selbst so viel gelernt haben, unser innigster Dank. Unser Unterricht basiert auf dem Prinzip, daß die Bedürfnisse des Patienten im Vordergrund stehen, nicht die des Therapeuten, und dieses Prinzip haben wir auch beim Verfassen dieses Buches walten lassen.

Register

Weiterführende Adressen:

- Milton-Erickson-Gesellschaft für klinische Hypnose (M.E.G.)
  Konradstraße 16
  80801 München
  Tel. (089) 33 62 56

- Deutsche Gesellschaft für Hypnose (DGH)
  Druffelsweg 3
  48653 Coesfeld
  Tel. (0 25 41) 7 00 07

Über die Autoren

CHERITH POWELL ist Leiterin des *Atkinson-Ball College of Hypnotherapy and HypnoHealing*, das auf die wissenschaftliche Fortbildung von Hypnotherapeuten spezialisiert ist. Sie hält Seminare in London ab und hat mit ihrem ehemaligen Partner Bill Atkinson-Ball auch in den Vereinigten Staaten Workshops geleitet.

Sie ist Vorsitzende der *Corporation of Advanced Hypnotherapy,* einer Gruppe von Hypnotherapeuten, deren Mitglieder akademische Ausbildungen auf höchstem Niveau erhalten haben. Diese Organisation hat enge Verbindungen zur *British Complementary Medicine Association* und hat sich sehr für strengere Richtlinien und einen gemeinsamen Kodex für die Bewahrung ethischer Grundsätze für alle Hypnotherapeuten in Großbritannien eingesetzt.

Cherith Powell ist Mitglied des *British Council of Hypnotist Examiners,* des *American Council of Hypnotist Examiners,* der *National Guild of Hypnotists* (USA) und der *National Federation of Spiritual Healers*. Sie wurde hauptsächlich von Bill Atkinson-Ball ausgebildet, studierte aber auch bei vielen anderen großen Persönlichkeiten der Hypnotherapie, wie Ormond McGill, Virginia Satir, Gil Boyne, Ernest Rossi und Robert Dilts. Sie besitzt große Erfahrung im Unterricht der Selbsthypnose und leitet seit 1986 eigene Gruppen. Ebenso hält sie Lehrgänge über Streßmanagement und persönliche Entwicklung ab.

GREG FORDE, gebürtiger Amerikaner, begann 1967, während seines Dienstes in den U.S. Forces, Hypnotherapie zu praktizieren. Im Laufe der Jahre entwickelte er einige eigene Hypnotherapietechniken, die vornehmlich auf schnelle Induktion und kurzzeitige Therapien abzielen. 1990 traf er Bill Atkinson-Ball, und nach erfolgreicher Ausbildung am *Atkinson-Ball College of Hypnotherapy and HypnoHealing* wurde er 1992 dort Mitarbeiter. Er ist daneben stellvertretender Direktor der *Corporation of Advanced Hypnotherapy*, Mitglied der *National Guild of Hypnotists* (USA) und arbeitet als Eheberater. Er hat eine Privatpraxis in Norfolk, England, hält regelmäßig Vorträge über Hypnotherapie und leitet außerdem Selbsthypnosegruppen.